귀신은 무얼 먹고 사나

귀신은 무얼 먹고 사나

초판 1쇄 발행 2024년 9월 27일

지은이 이희순
펴낸이 장길수
펴낸곳 지식과감성⁵
출판등록 제2012-000081호

교정 김지원
디자인 오정은
편집 오정은
검수 이주희, 이현
마케팅 김윤길, 정은혜

주소 서울시 금천구 빛꽃로298 대륭포스트타워6차 1212호
전화 070-4651-3730~4
팩스 070-4325-7006
이메일 ksbookup@naver.com
홈페이지 www.knsbookup.com

ISBN 979-11-392-2124-4(03810)
값 13,000원

• 이 책의 판권은 지은이에게 있습니다.
• 이 책 내용의 전부 또는 일부를 재사용하려면 반드시 지은이의 서면 동의를 받아야 합니다.
• 잘못된 책은 구입하신 곳에서 바꾸어 드립니다.

이 책은 전라남도, (재)전라남도문화재단의 후원을 받아 발간되었습니다.

귀신은 무얼 먹고 사나

이희순 수필집

차례

작가의 변 ················ 6

내 고장 여수 말 ············ 8
거안제미(擧案齊眉) ········ 17
나, 낚였어 ··············· 20
가장 큰 손님 ············· 24
라면 세 봉지 ············· 28
지피지기 백전백승 ········· 31
풍경 하나 ··············· 35
사투리 시대를 그리며 ····· 42
천대받는 우리말 ·········· 47
단비 ··················· 50
비록 아물지라도 ·········· 53
등하불명 ················ 55
번역가의 길 ············· 57
귀신은 무얼 먹고 사나 ···· 60
씀사무소 ················ 64
구겨진 이만 원 ··········· 69
너무너무 감사드려요 ······ 72
건망증을 위하여 ·········· 76
넘보라살 ················ 79
책 이야기 ··············· 84
불신 ··················· 88
부드러운 고기 ············ 91
배달 사고 ··············· 95

경계 ··················· 97
석보(石堡)를 그리며 ······ 101
모내기의 타임머신 못밥 ·· 105
둥근 수면을 말한다 ······ 109
불편한 심사 ············· 114
심학규 전 ··············· 117
288년의 역습 ············ 120
따뜻한 마을 ············· 124
돌고 돌아서 ············· 127
망각의 계절 ············· 130
무서웠던 일 ············· 133
나만의 국어사전 ········· 136
고운 임 오시는가 ········ 141
불신의 벽을 허물고 ······ 145
정직한 거울 ············· 148
떨어진 별 이야기 ········ 152
로컬푸드 ··············· 154
뭐 눈에는 뭐만 ·········· 158
고향 한 조각 끌어안고 ··· 162
나는 어느 과원의 ········ 167
당신 거기 있어줄래요 ···· 170
영화를 본다는 것 ········ 174
나 같은 죄인을 ·········· 179
경자유전을 생각한다 ···· 182

작가의 변

수필에 입문한 지 17년이 덧없이 흘러갔다.

그동안 겨우 한 권의 수필집을 선보였으니 자꾸 꼭뒤가 열없다. 그나마 좋은 사람들을 만나 글쓰기의 인연을 이어올 수 있었던 건 홍복이 아닐 수 없다. 내 딴에는 조금 별난 수필을 써보려고 욕심을 내보았지만 별무성과였다. 따로 누구에게 수필을 배운 적이 없는 내게 L선생, E 선생과의 만남은 커다란 행운이었다. 나는 L 선생으로부터 수필의 전범을 발견했고 E 선생한테서 산문의 시적 표현에 대해 영감을 받곤 했다.

나는 더러 기독교적 색채를 띤 작품을 탈고해 왔지만 그런 작품들은 대개 불교적 또는 철학적 깨달음과도 맥을 공유한다고 생각해 본다. 나는 도를 이야기했을 뿐, 누구에게도 특정한 믿음을 강요한 적은 없다고 자위해 본다.

수필은 작가의 경험을 바탕으로 쓰는 진솔한 글이면서 반드시 독자에게 문학적 향기와 감동을 선사해야 한다는 난제를 안고 있기도 하다. 이러한 수필의 한계를 극복하기 위해 나는 사람들이 생각지 못한 면을 모색하여 깨달음을 얻고, 그 깨달음으로 독자를 설득하여 공감을 얻으려고 애썼다. 그것은 내게 작은 신념과 긍지를 갖게 했으나 소재의 빈곤이라는 한계를 안겨주기도 했다. 가난한 자의 추수는 빈약하기 마련이다. 그래도 덧없는 세월이 마냥 헛되지는 않았던지 나는 마침내 작은 도를 얻었다. 나의 작품은 독자에 앞서 나를 가르치고 감동시켜야 한다는 이치를 터득한 것이다. 그러니 과작(寡作)을 탄하지 않기로 했다.

갑진년 가을
사山 이희순 서

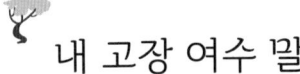
내 고장 여수 말

어시장에서 들은 대화가 갈데없는 여수 말이다.

사분떡, 요참애 빼깽이 돈 잠 했지이다?
아, 천불낭깨 말도 마이다. 소르라니 비를 맞촤가꼬는 죄지 썩콰부렀소.
아이고, 나가 입이 방정시라와가꼬 안 헐 말을 끄내붓는갑소 잉?
읍씨이다. 암시랑토 안 허요. 모리고 긍거이 뭔 죄가 될랍디요.

사부인 댁, 요번에 절간고구마 해서 돈 좀 했지요?
아, 화나니까 말도 마세요. 고스란히 비를 맞혀 죄다 썩혀버렸어요.
아이코, 내가 입이 방정맞아서 안 해야 될 말을 꺼냈군요.
아뇨, 괜찮아요. 모르고 그런 게 무슨 죄가 된답니까.

갓난아이도 영어를 배우는 글로벌 시대의 그늘에서 사투리 타령을 길게 뽑아본다. 토속어는 고향이고 뿌리이다. 향수를 달래는 사람들에겐 그대로 한 자락 아스라한 망향가이다. 고향은 나서 자란 산천이라기보다 부모 형제요 죽마고우이니 여수 말은 여수 사람이다. 방언에는 어머니 젖 내음이 배어있고 부조(父祖)의 숨결과 함께 선산을 지킨 굽은 나무였던 내 삶의 궤적도 새겨져 있다. 방언은 우리말의 근원이기도 하다. 여수 방언 속에는 포리(파리), 정지(부엌), 성냥간(대장간), 아직(아침), 이까장(여기까지), 곡석(곡식), 성(형), 폴(팔), 내(연기), 저재(저자), 주걸이(쭉정이), 낭구(나무), 연치다(얹히다), 볼쏘로(벌써), 도치(도끼), 마(장마), 뒤안(뒤꼍), 나무새(나물류), 뉘(누구), 붉다(밝다), 애(창자), 몬지다(만지다), 춤(침), 폴다(팔다), 시기다(시키다), 구룸(구름), 구시(구유), 느치다(늦추다), 쇠야지(송아지), 몱다(맑다) 등등 허다한 옛말이 생생하게 살아 숨 쉬고 있어 이를 뒷받침한다.

지방 사람들은 대처에 나가면 애써 제 고장 말을 멀리한다. 그러나 여수 사람들은 떳떳하다. 시어머니 병구완하느라고 골병이 들었는지 삭신이 아파 갱신을 못 하겠다고 스스럼없이 말해도 모두 표준어이니 놀라운 일이다. 시금치를 데쳐서 무치고, 밥을 안치고, 마당을 깨끔하게 소제한다는 말은 분명 여수 사람들이 자주 쓰는 말인데 그 가운데 사투리는 단 하나도 없다. 가대기, 까대기, 간짓대, 골통, 뒤가 꿀리다, 나대다, 나쁘다(먹은 것이 양에 차지 않다), 내나, 노상, 시방, 거시기, 놉, 손포, 농땡이, 늙마, 다문다문, 얼멍얼멍, 쫀득쫀득, 욜랑욜랑, 먼저께, 모가치, 쪼가리, 물밥, 뭇갈림, 바수다, 버글버글, 불땀, 살피, 설레발치다, 성금(말을 한 보람), 야코죽다, 어지르다, 얼이 들다, 오지다, 용심, 외봉치다, 쫀쫀하다, 툭툭하다, 행짜, 후제, 무작하다, 열없다, 양태, 통구멩이, 꼬막, 강구, 촉기, 삐딱하다, 맨밥, 둥구나무, 도시다, 따따부따, 뒷심, 노글노글, 몰랑몰랑, 시금하다, 얼쩡거리다, 반질반질, 우는소리, 텁텁하다, 찰밥, 퍼석하다, 장뼘, 암죽, 삼동추위, 북새, 아재, 낱돈, 날쌍하다, 뜨뜻하다, 말귀, 몽실몽실, 시금털털하다, 엄벙하다, 토방, 푸지다, 헛방, 모개…. 일일이 헤아리기 어려울 만큼 수많은 여수 말 가운데 순우리말이 이토록 풍성하다는 사실이 그저 놀랍기만 하다. 교과서에서도 찾아보기 어렵고 서울 사람들은 잘 쓰지도 않는 순우리말이 여수에서 주인 대접을 받고 있으니, 여수 말을 일러 우리말의 보물 창고라고 해도 결코 지나치지 않을 터이다. 여수 사람들은 자부심을 가져도 좋을 것 같다.

우리말에는 대체로 과장법이 발달되어 있지만, 해학이 넘치는 여수 말의 과장법을 맛보면 저절로 웃음이 나온다. 방귀를 문제 삼는 사람은 방귀만도 못하다고들 한다.

"어처먼 생긴 것 맹이로 방구도 그러고 살무시 내논다요. 소리도 없는 거이 독허기도 허요 잉."

"아따, 물릿장 내라앉겄소."

"대방애 구둘장이 꺼져붑디다."

"빤스야 구녕 났능가 보이다."

"함보래 똥을 싸이다."

"시방 방구를 꿨소, 똥을 쌌소?"

"어치깨나 독헝가 아매 속곳이 삭아부렀시꺼요."
"사램이 독헝깨 방구할로 독헝갑소 잉."
"하이고야, 케가 썩어불라 근당깨!"

빼빼 마른 사람을 가리켜, 눈구녕이 십 리나 들어가 버렸다거나 패 때게 생겼다고 하고 바람만 불어도 날아가겠더라며 너스레를 떨기도 한다.
"얼마나 모리개 패났능가, 죽어부렀십다."
"자갈도 삭콰불 나인디, 그까징 거이 간애 기벌이나 갈랍디요."
"얼메나 놀래놨능가, 간을 낼차부렀당깨는!"
"아이고, 상이라고 채리 내논 거이 눈만 핼깃는디 없어져 붑디다."
"사램이 어치 쬐깐헝가 애를 씨고 봐도 안 보이드란 말이시."
"죽을 욕을 봤드마는 쎄가 만 발이나 빠져부렀소."
"그런 소자는 조선애는 없시꺼요."

여수 사람들의 속담에선 감칠맛이 난다.
"무시 뽑아 묵다가 들린 놈 맹이다."

참외나 수박은 그런대로 값나가는 과채지만, 무는 한동네 사람끼리 오다가다 하나쯤 뽑아 먹는대서 딱히 허물할 일도 아니건만 막상 쥔한테 들키고 보면 머쓱한 노릇이라, 태연하게 그대로 먹자니 무엇하고, 버릴 수도 없는 어정쩡한 처지가 된다. 그처럼 이러지도 저러지도 못한 채 우두커니 서있는 사람을 빗댄 여수 속담이다.

"핑계가 좋아 애기 잰다."

부지깽이도 거들어야 할 농번기라도 갓난아기한테 젖은 먹여야 한다. 들에서 시어머니와 함께 일하던 며느리가 아기 젖 먹여야 한다며 집으로 종종걸음을 치더니 한참을 기다려도 오지 않는다. 잔뜩 골이 난 시어머니가 집에 가보니, 며느리가 아기 곁에서 그대로 한밤중이다. 젖을 먹였는데도 칭얼거리는 아기를 달래다가 깜빡 잠이 들었노라는 며느리의 속 보이는 변명에 부아가 난 시어머니가 울 너머 허공에 대고 "동네 사람들아, 우리 미느리는 핑계가 좋아 애기 재운다요!" 하고 내지른다. 남들이 보는 데서는 위하는 척하면서 남몰래 학대하는 의붓어머니의 심보를 "본 디서만 내 새끼"라는 촌철살인의 한마디로 그려내기도 한다. 내친김에 여남은 개 더 적어본다.

비는 디는 쇠꽂도 녹는다(비는 데는 쇠도 녹는다)

삼배 바지애 방구 새디끼(삼베 바지에 방귀 새듯)

비 온디 누가 깔 비로 가라디냐(비 오는데 누가 꼴 베러 가라더냐)

세 치 쎄끝애 죽을 말이 들었다(세 치 혀끝에 죽을 말이 들었다)

손구락애 불을 써갖고 하늘로 올라갈란다(손가락에 불을 켜가지고~)

어덕 밑애 동냥치도 불쬐는 맛애 산다(언덕 밑의 동냥아치도~)

이 새 저 새 해싸도 묵새가 젤이다(이 새 저 새 해쌓아도 먹세가 제일이다)

죽은 아 꼬치 대라보기(죽은 아이 고추 만져보기)

핀헝깨 죽는다 글지(편하니까 죽는다는 말도 하는 것이다)

한술 밥애 제운다(한술 밥에 겨운다)

쎄는 짜린디 춤은 멀리 퍁고잡다(혀는 짧은데 침은~)

초여름날 산에 오르는데, 길가에 살매(이스라지) 한 무더기가 빨갛게 무르익어 있었다. 이스라지는 산앵두인데 잘 익으면 앵두보다 맛이 좋다. 그걸 따자고 하니, 아내가 말렸다. 숱한 사람이 이 길을 오르내렸을 터인데 그게 먹을 수 있는 열매였다면 가만히 두었을 리가 있었겠냐고 했다.

"그먼 내가 따 묵고 죽을라네."

마음껏 따 먹고 과일주까지 담갔던 기억이 새롭다. 그런 일화는 살아있는 토속어이다.

여수 사람들이 부르는 동식물의 이름을 표준말로 어떻게 쓰는지 알아내기란 결코 녹록한 일이 아니었다. 요즘 젊은이들은 이 땅에서 우리와 함께 숨 쉬고 있는 풀 이름, 나무 이름, 갖가지 벌레 이름을 몰라도 너무 모른다. 그래서 표준어 그대로 마삭줄, 곰솔, 물푸레나무, 원추리, 가막사리, 소리쟁이, 바랭이, 달맞이꽃, 여뀌, 쇠비름, 방동사니, 방가지똥, 왕고들빼기, 도꼬마리, 하늘타리, 뽀리뱅이, 지칭개, 사위질빵, 환삼덩굴, 으아리는 말할 나위 없고, 풍년대(개망초), 몰목(상사화), 상애꽃(수국), 딱주(잔대), 사탕풀(명아주), 머구(머위)가 어떻게 생긴 풀인지 모르고 도다리와 광어, 억새와 갈대를 구별하지 못한다. 그러니 뻘똥나무(보리수나무), 명감나무(청미래덩굴), 쇠까잘나무(자귀나무), 깨금나무(개암나무), 고링개나무(멀구슬나무), 노상나무(노간주나무), 개동백(사철나무), 개동백사리(사스레피나무), 죽재꽃나무(죽도화나무)를 알아보겠는가. 더구나 연치(방아깨비), 도구텅벌거지(배추잎벌레), 외딱가리(외잎벌레), 뜸물(진딧물), 엥이(진드기), 싸네기(노래기), 쉰발이(그리마), 상깨구리(무당개구리), 무자수(무자치), 너불떼기(꽃뱀), 씰가지(살쾡이), 너구리, 고라니, 노루, 족제비도 모른다. 그들은 이 땅의 주인이며 여수 말의 실체들이기도 하다. 만세토록 우리 후손과 더불어 살아가야 할 공동체이다. 자신이 사랑하는 사람의 이름을 모르는 사람은 없다. 형제자매나 다정한 친구의 이름을 몰라 '머시기'라고 하지 않듯, 우리는 그들의 이름을 불러주어야 한다. 여수 말로 된 이름이 아니라도 좋다. 그들의 이름을 하나하나 애써 기억하여 불러주는 순간, 자연과의 사랑은 시작된다. 애향의 필수과목이라고 생각한다.

  여수 말의 특별한 점이 무어냐고 묻는 사람들에게 내가 반사적으로 들려주는 말이 있다. 세종대왕님은 훈민정음 스물여덟 자를 만들지 않고 맹글았다.
  우리말의 뿌리가 아직도 생생하게 살아 숨 쉬는 말, 그것이 바로 여수 말이다.
  표준어에 가까운 여수 말이 꽤 촌스럽게 들리는 까닭은 말꼬리가 독특하기 때문이다. '버리다'라는 단어의 활용을 살펴본다.

버리다(딜라불다), 버려(딜라부러), 버리려나 보다(딜라불랑갑다)
버릴까 봐(딜라부까니), 버리련다(딜라불란다), 버렸던가요(딜라붓십디요)
버렸다더군(딜라붓다대), 버리게나(딜라불소), 버렸을까(딜라붓시까)
버리려면야(딜라불람사), 버리려면서(딜라불람서)

이처럼 경우에 따라 어미가 오묘하게 변화하는 것이 여수 말의 특징이기도 하다. 첫소리 ㄱ을 ㅈ으로 소리 내는 것도 구개음화(입천장소리되기)로, 현대국어에서는 인정하지 않지만 여수 말에는 자주 등장한다.

길(질), 길다(질다), 겹치다(접치다), 겪다(젂다), 껴입다(쩌입다), 겨드랑이(저트랑), 견디다(전디다), 곁가지(젙가지), 계집(지집), 기름(지럼), 기울다(지울다)

그러나 뭐니 뭐니 해도 여수 말의 두드러진 점은 경음화 현상이라고 생각한다.
까시, 까지, 까시개(가위), 뚜부, 꼬치(고추), 찐내(지린내), 꾸정물, 쏘내기, 쭈그럼(주름), 꼬두밥, 쎄(혀), 쌩머리, 삐트라지다(비틀어지다), 뽈라지다(부러지다), 꿀(굴), 뽄(본), 뿌시레기(부스러기), 싸납다 등등 헤아리기도 어려울 정도이다. 이는 파도 소리, 바람 소리가 거센 여수곶이(반도)라는 지리적 특성 때문이 아닐까 하고 짐작해 본다. 순천이나 광양 말도 글로 적으면 여수 말과 별반 다르지 않지만, 광양 말에는 경상도 억양이 섞여 있고, 순천 말은 여수 말보다는 유순한 듯하다.

여수시립도서관 홈페이지를 방문했다가 우연히 2004년에 발간한 졸저 《방언사전(여수편)》이 원문 데이터베이스 작업을 통해 보존되고 있다는 사실을 발견했다. 마침내 토속어의 가치를 공인받았다는 생각에 가슴이 뛰었다. 물론 보존 가치가 높은 여타 책자도 같은 대접을 받고 있었다.

흙냄새가 배어있고 조상의 살 내음이 깃들어 있는 토속어들이 사라질 위기를 맞고 있다. 토속어는 시골구석에 남아있는 고리타분한 말이 아니다. 조상의 살아있는 역사이고 우리말의 뿌리이다. 다들 앞다투어 세계화를 외치고 있지만, 세계 무대에 자랑스럽게 내놓을 만한 우리 것이 없는 세계화 시도는 위험하기 짝이 없다. 민족이 무엇이고 겨레가 무엇인가. 무엇보다 먼저 같은 말을 쓴다는 동질성에서 찾아야 할 것이다.

거안제미(擧案齊眉)

 70 평생에 이런저런 아찔한 사고를 겪었지만 뼈가 부러진 건 처음이었다. 흉골 두 개가 골절되면서 폐를 찔렀는데 불행 중에 다행히 상처가 깊지는 않았다. 병원에선 적어도 두어 달은 가만히 지내라고 했다. 하지만 함께 일해온 동료들 볼 낯이 없어 한 달 만에 현장에 복귀했다.
 동료들은 약속이라도 한 듯, 힘든 일에서 나를 따돌렸다. 나는 그 뜻이 고마워 느꺼우면서도 더욱 미안한 심사를 둘 곳이 없었다. 조금이라도 힘든 일이다 싶으면 그들은 한결같이 정색을 하며 만류했다. 나는 비지땀을 쏟으며 수고하는 그들의 뒷전에서 해도 그만, 안 해도 그만인 허드렛일이나 하며 '편치 않은' 나날을 보냈다. 그렇게 한 달을 '무리하지 못한' 덕분에 내 몸은 빠르게 회복되어 갔다.
 달리 고마움을 갚을 방도가 없어 동료들에게 밥 한번 대접했다. 문득 동지애와 가족애가 떠올랐다. 안 보면 보고 싶고 월요일의 출근이 기다려지는 하루하루가 복되고 은혜롭다. 오늘도 동료들은 서로 어렵고 힘든 일을 차지하려고 실랑이를 한다. 커피 한 잔을 권하며 주고받는 구수한 남도 사투리가 좌중에 양념을 치면 간밤의 에피소드와 지나간 시절의 무용담이 허슬한 과장법을 타고 흥미를 돋운다. 실없는 농담의 행간에서 싹튼 따뜻한 정이 자라나 어느 결에 우정의 꽃을 피워낸다.

우리의 후각을 따라 시선을 이끄는 금목서 향기는 언제나 편안하여 아늑하다. 그런들 우애 넘치는 사람의 향기에 견줄까. 누가 뭐래도 꽃 중의 꽃은 '사람꽃'이다. 나는 그 소중한 사람꽃의 꽃잎 가운데 가장 초라한 한 장이어도 좋다.

맹광은 뚱보인 데다 얼굴은 추하고 검기까지 하여 치마만 둘렀지 여자라고 하기가 무엇했다. 하나, 맹광은 힘이 세고 상냥하며 언행에 흠이 없어 평판이 좋았다. 사방에서 혼담이 들어왔으나 매번 거절하더니 서른 살이 되어서야 돼지치기 양홍에게 청혼하여 그와 부부가 되었다. 그는 검소하고 부지런한 가운데 내조를 다했다. 남편 양홍은 비록 돼지치기였으나 학식과 인품이 높아 혼란한 시국을 틈탄 반란자들의 유혹에 시달렸다. 부부는 깊은 산속에 칩거하다가 마침내 타국에 들어가 숨어 살았다. 맹광은 남편을 깍듯이 공경하여 늘 밥상을 눈썹 높이로 들어 식사를 권하였다. 바로 '거안제미(擧案齊眉)'이다. 내 비록 게으르고 굼뜬 졸장부에 지나지 않으나 거안제미의 고사를 음미함은 계단을 내려서려는 심중에 간직하고 싶은 아침인 까닭이다.

외나무다리에서 원수를 자주 만나다 보면 그 악연의 고리가 몹시도 난처하고 괴로울 터이다. 무심코 흘러간 세월 속에서 '원수'까지는 아니더라도 다시 마주치기 껄끄러웠던 사람들, 반가웠던 얼굴들이 파노라마처럼 펼쳐진다. 선연이건 악연이건 내가 지은 것이니 그런 상대방의 빛깔이 곧 나 자신의 빛깔이었다는 걸 깨닫는 요즈음이다. 내 가슴속의 허세를 거두어들이면 현기증이 사라지고 차분한 여유가 찾아올 것이다. 낮아진다는 것, 동료들을 나보다 높이 여기는 겸손을 가만히 모셔 들인다.

 물처럼 막힘이 없는 재담꾼에 유쾌한 구라쟁이 백호 형님의 보따리에선 따끈한 군고구마 같은 정감이 배어난다. 나와 동년배 멋쟁이 청마의 노련한 맥가이버 손끝에선 해결사다운 슬기가 번뜩이고, 걸걸한 장수의 기상이 넘치는 또 다른 친구는 그 풍채에 어울리지 않을 것 같은 부지런함으로 늘 우리의 느긋한 아침을 열어준다. 인생의 새로운 전환점에서 피어나는 가을꽃들의 향기가 그윽하다.

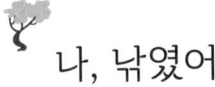 나, 낚였어

　감성돔을 만나러 섬에 갔다가 손맛 나는 여수 말을 하나 건졌다.
　초릿대의 가벼운 요동에, 모래무지처럼 생긴 물고기가 세상 구경을 나왔다. '밀쩅이'란다. 볼품없이 조그마한 녀석이지만 횟감으로는 제법 괜찮은 어종이라며 동료 조사님들의 칭송이 자자하다. 사전을 뒤져봐도 '밀쩅이'라는 고기가 없다 했더니, 그게 바로 '보리멸'이라고 일러준다.
　직장 동료 조사님들의 강권에 십수 년의 수절이 무너졌다. 물속에 무엇이 들어있는지도 모른 채, 그저 물어다오 물어다오 하면서 아까운 시간만 죽여대는 낚시질이란 얼마나 미련한 짓이냐던 집사람의 잠언에 낚싯대를 접었던 시절이 수면으로 떠올랐다. 두 달 전, 직장 동료 다섯이 합을 맞췄다. 넷은 출조가 기꺼운 노련한 조사인데 나는 낯선 시집에 데려다 놓은 새색시였다. 나는 별수 없이 성가신 훼방꾼이 되어 그들의 조업에 누를 끼쳤다.
　낚시터에서는 시시때때로 인생 역정의 파노라마가 두서없이 펼쳐졌다. 상대의 힘든 이야기를 끝까지 들어주는 건 말처럼 쉬운 일이 아닌데 시간은 잘도 흘러간다. 서투른 원투(遠投)를 하다 보니 옆 사람의 낚싯줄과 자꾸만 엉켰다. 릴에 감긴 낚싯줄이 천방지축 헝클어지기도 했다. 원투를 하곤 천천히 릴을 감아 낚싯줄의 긴장(텐션)을 유지하려다 그만 밑걸림이 되어 허둥대는 일도 잦았다. 그럴 때마다 동료들은 공들여 엉킨 채비를 풀어주며 따뜻한 조언을 아끼지 않았다. 릴에 얼크러진 원줄을 조심스럽게 하나하나 풀어 정리해 주는가 하면 밑걸림 해결법을 시범해 주며 그 요령을 알기 쉽게 설명해 주었다. 눈에 잘 들어오지도 않는 가느다란 낚싯줄이 서로 뒤엉킨다는 건 참상에 가깝다. 그런데도 그들은 귀찮아하는 내색 한번 없이 끈기 있게 해결해 주었다. 그날 나는 내 힘든 이야기를 그렇게 몸으로 들어준 사람들을 만났다.

우리의 첫 출조는 동네 어부가 배를 내어 데려다준 낡은 바지(barge)에서 시작되었다. 우리는 이 역사적인 합작의 성취를 위해 새벽 공기를 가르며 100리를 달려온 터였다. 먼동이 트는 화태대교를 바라보며 나는 조사님들의 거동을 곁잡아 무심한 바다에 낚시를 던졌다. 일행의 목표는 최하 3짜 감성돔이었다. 나는 가볍게 일렁거리는 바지와 한 몸이 되어가며 조금씩 잠자고 있던 욕망을 일으켰다. 그러나 나의 조과는 말이 아니었다. 손바닥 크기를 벗어나지 못한 돌돔과 보리멸, 망상어, 용치놀래기, 독가시치와 붕장어 새끼를 건진 게 다였다. 동료들은 감성돔이며 갑오징어, 제법 꼴이 잡힌 붕장어와 도다리를 선보였다.

우리는 갑오징어를 곁들여 끓인 라면으로 감칠맛 나는 아침을 먹었다. 늦은 오후, 우리의 맥가이버는 횟집 주방장을 방불하는 솜씨를 선보였다. 그의 세련된 손놀림에 볼품없는 일회용 접시에는 싱싱한 회가 먹음직스럽게 차려졌다. 갯바위에 걸터앉아 맛보는 모둠회는 입안에서 녹았다. 우리 일행이 방파제의 새벽을 선점한 두 번째 출조에서는 도다리회를 만끽했다.

 세 번째 새벽 출조는 찬 바람의 내습에 시달린 하루였다. 조과는 실망스러울 정도로 초라했다. 갑작스러운 한파에 사람들이 외출을 삼가듯 물고기들도 웅크린다고 한다. 다행히 베테랑 조사의 4짜 도다리 덕분에 우리는 풍성한 점심을 즐길 수 있었다. 캄캄한 새벽길을 나서다가 계단에서 발목을 겹질렸다는 백호 형은 오후 들어 한 걸음도 떼지 못할 만큼 상태가 나빠졌다. 우리는 귀가를 서둘렀다. 이제 감성돔이 남쪽 바다로 떠나면 볼락의 계절이 시작된다고 한다.

 찬 바람과 앰한 바다를 원망하며 몸을 일으키는데 무슨 조화인지 별안간 구름 위를 걷는 듯 발밑이 허전했다. 낚시에 걸려 허공으로 끌어 올려진 물고기의 전율이 이런 것인가 싶었다. 진종일 손맛 한번 보지 못한 백호 형이 빈 아이스박스를 힘겹게 둘러메고 있었다. 달려가서 형을 부축했다.

 "아니 형님, 고기 한 마리 없는 아이스박스가 뭐 그리 무겁다고 낑낑거려요?"

 "참 이상하기도 하네. 이게 왜 이리 무겁지?"

 '아뿔싸, 나 낚인 거야?'

이윽고 도다리의 계절 4월이다. 도다리쑥국의 시원함이야 말해 무엇 하랴. 설레는 가슴을 진정시키며 동료들과 약속한 출조를 손꼽는다. 4월이 바람처럼 지나가도 좋다. 5월 농어를 품은 바다가 다시금 우리를 손짓할 테니 말이다.

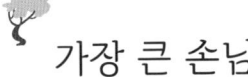# 가장 큰 손님

갈치조림이나 야채불고기를 파는 식당 주인은 좀 어리석어 보인다. 1인 가구가 세월을 앞지르는 시류도 모르는지, 2인분부터 주문하라고 떼를 쓰기 때문이다.

나는 일터가 집 근처여서 점심은 집에 들러 해결하지만, 안사람 얼굴 보기 어려우니 십중팔구는 혼밥이다. 혼밥 상차림은 간소하다 못해 가난하다. '귀차니즘'의 산물이다. 냉장고에 여러 가지 반찬이 있지만 꺼내기가 싫다. 때로는 라면 하나 끓여 밥을 말아 속전속결로 끼니를 때운다. 그런데, 혼자 밥을 먹더라도 남을 대접하듯 정성스럽게 음식을 마련하여 품위 있게 먹으라 한다. 백번 옳은 말이겠지만 어려운 노릇이다. 늘그막에 양광스럽기도 하겠다.

함께 일하는 사형(師兄)이 마트에 갈 때, 몇 번 동행했다. 무엇을 고르는지 눈여겼더니 토마토, 양배추, 브로콜리, 당근, 양파가 이채로웠다. 건강 채소의 대표 주자들이다. 계란은 단백질 보충용으로 하루 네 개씩 먹는다고 한다. 술과 담배를 탐닉하면서도 팔팔한 까닭이 어디에 있었는지 그제야 퍼즐이 맞춰졌다.

일터에서 만나 호형호제하는 동료들과 일 주에 한 번씩 밥을 먹는다. 순번을 정해 밥을 사는 것이다. 서로 권하며 여럿이 먹는 밥은 늘 맛있다. 함께 밥을 먹을수록 정도 쌓여가는 걸 체감한다. 그러다가 사람들을 만나고 어울리는 자연스러운 일상에서 조금은 자신을 존경하는 나를 발견하곤 한다. 신독(愼獨)이야 고고한 선비의 품격이니 나와 거리가 먼 이야기인지라 슬쩍 발길을 돌린다. 다들 그러겠지만, 나는 사람을 만나러 가기 위해 몸을 씻고 거울 앞에서 익숙한 얼굴을 살핀다. 수수하지만 깨끗한 옷을 차려입고 신발의 먼지를 털고선 집을 나선다.

"자기가 자기를 존경하지 않으면 아무도 존경해 주지 않습니다."

중학교 2학년 때, 새로 부임한 교장 선생님이 조회 시간에 하신 훈시 말씀이었다. 존경의 대상은 내가 우러러보는 위인이어야 마땅할 터인데 자신을 존경하라니? 나는 교장 선생님이 실언하신 거라고 치부해 버렸다. 교장 선생님의 '실언'은 차돌맹이가 되어 중년이 지나도록 내 마음 깊숙이 박혀있었다.

어느 날, 귀가 번쩍 뜨이는 말을 들었다.

"강아지도 주인이 귀하게 여기면 다른 사람들이 함부로 하지 못하지만, 주인이 막 대하면, 다른 사람들도 어느 결에 강아지 주인처럼 한다."

어리석기는 바로 나 자신이었다. 용모를 단정히 가꾸지도 않고 교양 쌓기에 인색하여 천박한 언행을 일삼는 사람을 누가 좋게 보아주며 귀하게 대해줄까. 소경이 등불을 챙기는 건 마침내 자기 자신을 위해서다.

고희가 지나간 내 인생의 목적지는 어언간 사람들 속에서 '사람다운 사람'이다. 겸손은 자신을 존경하는 지고의 비결이라는 깨달음에 감사한다.

자신을 인자라고 소개하신 예수그리스도의 말씀을 생각한다.

청함을 받았을 때에 차라리 가서 끝자리에 앉으라. 그러면 너를 청한 자가 와서 너더러 벗이여, 올라 앉으라 하리니 그 때에야 함께 앉은 모든 사람 앞에서 영광이 있으리라. 무릇 자기를 높이는 자는 낮아지고 자기를 낮추는 자는 높아지리라. (눅 14:10-11)

혼자 먹는 밥은 밥이 아니다. 도대체 맛이 없다. 밥을 왜 먹고 있는 것인지 모호할 때도 있다. 혼자서 먹는 밥은 체하기 십상인 데다 식탁이 쓸쓸하기도 하여 자칫하면 눈물 난다. 그래도 피할 수 없는 혼밥이라면 반찬 한 가지라도 더 꺼내고 찌개도 잘 데워서 좋은 생각을 하며 품위 있게 수저를 들어야겠다. 내가 가장 존경하는 나를 허투루 대접해서는 안 되겠다.

'나 홀로 가구 천만 시대'라는 조류에 맞춰 혼밥을 즐기는 묘안을 찾아내는 것도 괜찮아 보인다. 그리고 보니, 갈치조림이나 야채볶밥 1인분은 팔지 않는 식당 주인은 고마운 사람이다.

아내가 별안간 홍두깨를 내밀었다. 내 얼굴에 제멋대로 퍼져있는 기미를 없애러 가자고 한다.

"이 나이에 무슨."

일언지하에 거절해 버리니 아내가 퉁바리를 놓는다.
"내 참, 늙어갈수록 얼굴을 깨끗하게 해야죠!"

라면 세 봉지

"쌀 한 가마에 3,200원."

소년 시절, 우리 집 까대기의 낡은 바람벽에 붙어있던 신문지에서 읽은 쌀값이다. 1963년에 나온 신문이었다. 내가 아직도 그걸 기억하고 있는 까닭은 심심풀이로 되뇌며 살아왔기 때문이다. 무슨 괴벽이랄까, 나에겐 미국의 주요 농산물 '밀옥면담콩'과 지하자원 '철구니석석납아', 박카스의 영어 철자 'Bacchus'를 주문처럼 외워보는 버릇이 있다. 이야기가 옆길로 샜다.

벼농사는 장마보다는 가뭄이 골칫거리였다. 내 나이 열다섯 살쯤이었을 것이다. 헤아려 보니, 1968년경이다. 벼가 한창 물을 먹을 배동바지가 다가오는데 가뭄이 들어 논바닥에 금이 갔다. 때를 만난 보풀이며 고랭이, 올미, 물달개비, 방동사니가 논바닥을 뒤덮었다.

기다리던 비가 쏟아졌다. 모처럼 안뜰 세 마지기 논배미도 벙벙해졌다. 아버지는 여름만 되면 양쪽 발에 도지는 습진 때문에 무논에 들어가지 못하셨다.

나는 아침을 서둘러 '논매는 기계'를 지고 안뜰 논으로 걸음을 재촉

했다. 다섯 자 길이의 무거운 그 기계는 달리 이름이 있는데 내가 잊어버린 게 아니고 다들 '논매는 기계'라고 했다. 수동식이지만, 그 시절, 80호 우리 마을에 몇 대밖에 없어 귀한 대접을 받았다. 양손으로 손잡이를 움켜쥐고 벼 포기 사이 논바닥을 힘주어 밀면, 맨 앞의 철판이 바닥층을 깎고 뒤따라 두 개의 쇠갈퀴 발이 잡초를 휘감아 올리는 것이다. 나는 벼 포기 사이에 기계를 맞춰 밀어대기 시작했다. 기계도 무거운 데다 잡초가 무성하여 두어 발만 밀고 나가면 금세 두 갈퀴 발에 풀이 가득 감겨 갈퀴 발이 돌지 않는다. 그때마다 일일이 감긴 풀 더미를 풀어 헤쳐 논둑에 내버리고 와서 다시 기계를 밀었다. 한 시간도 지나지 않아 온몸은 땀에 젖고 진흙투성이가 되었다. 이윽고 팔다리가 말을 잘 듣지 않는가 싶더니 허기가 엄습했다. 논두렁에 기대어 숨을 가누고 있는데 저기 훈장 댁 대나무 울을 따라 사람 그림자가 비쳤다. 머리에 무엇을 이고 잰걸음으로 논둑길에 접어든 사람은 틀림없이 어머니였다.

어머니는 보자기를 풀어 장미꽃이 새겨진 양은 찬합을 열었다.
"배고프겠다. 어서 먹어라."
라면이었다. 그 시절 시골에서, 라면은 짜장면만큼이나 귀하고 맛있는 음식이었다. 나는 숨도 쉬지 않고 삽시간에 커다란 찬합을 깨끗이 비워버렸다. 어머니는 가만히 나를 쳐다보더니 천천히 빈 찬합을 보자기에 싸시며 말하셨다.
"배가 많이도 고팠구나. 세 봉을 끓인 건데…. 엄마도 한번 먹어보라고 하지 그랬냐."

 순간, 나는 말문이 막혀 멍하니 땅만 내려다보았다.

 "못다 해도 괜찮다. 시나브로 해라."

 어머니는 빈 찬합을 챙겨, 오던 길을 되짚어 논둑길을 천천히 걸어가셨다. 나는 어머니가 훈장 댁 대나무울을 돌아 보이지 않을 때까지 지켜보고 있었다. 속이 든든해졌는데도 일이 손에 잡히지 않았다.

 쌀 소승 한 되(1리터)로 삼양라면 두 개를 사던 시절이었다. 어머니는 이 아들에게 맛있는 새참을 먹여주시려고 오뉴월 금싸라기 같은 쌀을 라면으로 바꾸신 것이다. 어머니는 그 라면 세 봉을 끓여, 면발이 불을까, 국물이 식을까 염려하며 종종걸음을 하셨을 터이다. 고희가 지났건만 그때의 부끄러움이 뒤섞여 가슴을 치는 후회의 마음을 어찌할 수가 없다.

 어머니는 세상에 계시지 않는데, "엄마도 한번 먹어보라고 하지 그랬냐"라는 그 말씀이 귓가에 메아리치고, 훈장 댁 대나무울을 지나 가뭇없이 사라지던 어머니 모습이 더욱 뚜렷해지는 걸 보니, 이제야 겨우 철이 들었나 보다. 회한은 왜 뉘우칠 수 없는 시간에 찾아오는지 모르겠다.

지피지기 백전백승

마룻대에 적힌 용(龍)과 구(龜) 가운데 용은 용이 아니라 용마(龍馬)이다.

용은 용마하도(龍馬河圖)요, 구는 신구낙서(神龜洛書)이다. 십여 년 전, 나는 한학에 조예가 깊은 신채식 선생께 편백나무 마룻대를 마련하여 상량문을 부탁드린 일이 있다. 선생은 붓을 들어 모년 모월을 비롯한 상량문을 쓰고 마룻대 양 끝을 용과 구가 아닌 하룡(河龍)과 낙구(洛龜)로 마무리해 주셨다. 나는 내심 놀라며 눈길을 거두지 못했다. 하룡(河龍)과 낙구(洛龜)는 하도낙서(河圖洛書) 곧 용마하도 신구낙서와 같은 말이다. 용마는 복희 씨 때 출현했다는 준마요, 신구는 낙수에서 발견된 신기한 거북인데 이들의 등에는 만물의 생성과 변화의 이치가 새겨져 있었다고 전한다. 사람들은, 마룻대에 적어 넣은 용(龍)과 구(龜)를 화재를 막기 위한 방편이라고 말한다. 그러나 상량(上梁) 즉 마룻대를 올리는 뜻은 집에 하늘을 모셔 들이는 신령한 의식이다. 마루는 산등성이나 지붕 등성이로 높은 곳이니 하늘이다. 이로써 마룻대에 용과 구를 적은 이치가 자명하다.

강추위와 '강(强)추위'는 근본부터 다른 말이다. 강추위는 순우리말로, 눈도 오지 않고 바람도 불지 않는데 몹시 매운 추위를 말한다. 그러나 '강(强)추위'는 눈이 오고 매운바람이 부는 심한 추위이다. 요즘은 뭐든 '강(强)'이면 다 통하는 세상이 되었다. 강한 눈, 강한 바람, 강한 비, 강한 황사 따위의 용어가 난무하고 있으니 말이다.

'였다'는 '이었다'의 준말이 아니다. 그러므로 '책이었다'가 '책였다'가 될 수 없고, '책이였다'는 쓸 수 없다.
'예요'는 '이에요'의 준말이 아니다. 그러므로 '책이에요'가 '책예요'가 될 수 없는 것이다. 따라서 '~이에요'는 있어도 '~이예요'는 없다.

'금슬 좋은 부부'인가 '금실 좋은 부부'인가? 글을 쓰는 이들이 '쉬운 낱말 풀이'를 하는 건 비록 의도적이지 않더라도 독자를 무시하는 일이다. 노파심은 더욱 안 될 말이다. 억울한 누명, 남은 여생, 좋은 활약, 빈 공터, 뛰어난 걸작, 지나친 과식, 넓은 광장, 돈 많은 부자, 젊은 나이에 요절 따위이다. 별로 어렵지도 않은 단어에 한사코 한자를 병기하는 사례도 눈에 거슬린다.

소나무를 타고 오른 담쟁이덩굴을 '송담'이라 부르는 이들은 자칭 약초꾼이다. 송담은 그들만의 언어인데 방송을 탄 꾼이나 극성 유튜버들에 의해 와전되고 있다. 소나무를 타고 오르는 담쟁이덩굴이니 '송담'이라고 작명한 것까진 용서할 수도 있겠다. 그런데 담쟁이덩굴이 소나무에 기생하여 소나무의 진액을 빨아 먹으므로 내버려뒀다간 소나무가 말라 죽는다는 그럴싸한 논리를 청산유수로 전개하는 데엔 아연실색할 수밖에 없다. 송담을 채취하여 소나무도 살리고 귀한 약재로 쓰게 되니 그야말로 누이 좋고 매부 좋은 일이라며 너스레를 떨기도 한다. 송담은 소나무의 좋은 성분을 빨아 먹은 것이라서 약효가 뛰어난 반면 콘크리트 옹벽이나 벽돌 담장을 타고 오른 것은 콘크리트나 벽돌의 유해 성분을 빨아들였기 때문에 오히려 해롭다는 해박한(?) 해설을 들으면 십중팔구는 고개를 끄덕거릴 것 같다. 결론부터 말하면, 완전한 거짓말이다. 이런 거짓 정보를 퍼뜨리는 사람들도 누군가의 거짓말에 속은 거라고 짐작해 본다. 담쟁이덩굴은 기생식물이 아니다. 덩굴손을 내어 나무껍질이나 벽면에 달라붙을 뿐이다. 칡넝쿨처럼 나무줄기를 감아 조이지도 않고 수관(樹冠)을 뒤덮어 햇빛을 가리지도 않는다. 나무나 벽체로부터 양분이나 유해 물질을 흡수하지도 않으니 송담이니 뭐니 논할 가치가 없다. 오염되지 않은 환경에서 자란 것이 아무래도 낫긴 하겠지만 말이다. 이런 것을 제대로 검증하지도 않고 내보내는 방송사의 책임이 크다고 본다.

며칠 전엔 TV를 통해 산골 사람의 삶을 들여다보았다.

농부가 자신이 가꾸고 있는 작물을 가리키면서 '강낭콩'이라고 했다. 탐방자는 "아, 강낭콩이군요"라고 의심 없이 맞받았다. 방송사는 그 장면을 여과 없이 방영했다. 그러나 농부가 가꾸고 있는 작물은 강낭콩이 아니라 완두콩이었다. 나나 되니까 아는 상식이 아니다. 농부라면 너나없이 아는 것이 강낭콩이며 완두콩이다. 그 농부가 강낭콩을 완두콩으로 잘못 알고 있을 수도 있다. 그러나 방송사는 확인해야 할 의무가 있다. 모르는 사람들은 그 방송을 시청하면서 영원히 완두콩을 강낭콩으로 입력해 버릴 것만 같다. 멘델의 유전법칙을 공부한 학생들은 완두콩이 자라는 모습을 보았는지 모르겠다.

사람들은, 적을 알고 나를 알면 백전백승이라는 말을 잘도 데려온다. 적진에 노련한 첩자를 보내 염탐했더니 아군의 보잘것없는 병력과 초라한 무기로 대들었다간 뼈도 못 추릴 형세였지만 적군의 전투력을 속속들이 파악했고 아군의 형편도 정확하게 알고 있으니 백 번을 싸워도 백 번을 이긴다는 주장은 우습지도 않다. 지피지기(知彼知己)이면 백전백승이라니? 백전불태(百戰不殆)이다. 백 번을 맞서도 위태롭지 않다는 손자병법의 한 대목이다. 적이 막강하면 일단 물러나거나 회피하여 기회를 노릴 터이니 위태로울 일이 없다는 말이다.

 풍경 하나

달포 전 아들 혼례식을 서울에서 치르면서 여수에서 따로 피로연을 베풀지 못했다. 부조금만 넙죽넙죽 받아 넣고 만 결례가 어지간히도 마음에 걸렸다. 때마침 동부수필의 새해 첫 모임에 밥 한 번 사리라 하고 별렀더니 초장에 무산되고 말았다. 단톡방에 공언한 대로 회장님이 대접을 하겠노라며 내 제의를 가볍게 물리쳤다. 그것이 소설 속의 복선(伏線)임을 거니챘더라면 내 어찌 건곤일척의 승부인들 마다했겠는가 말이다.

화기애애한 오찬 후, 우리는 인근 카페로 자리를 옮겨 회원 두 분의 작품을 감상했다.

K 선생의 〈겨울바람이 전하는 말〉은 제목에서부터 시인의 숨결이 바람처럼 다가왔다. 아무래도 K 선생은 밤하늘의 별들을 지키며 시의 가슴에 안겨 매서운 겨울바람조차도 사랑하게 되었는가 보다. 시의 마음을 급하게 수필로 바꾼 흔적이 역력한 작품이다. 곳곳에서 비약의 골짜기가 앞길을 막기도 하고 간혹 비탈길도 나타나 끝내 나는 시비를 걸고 싶은 유혹을 뿌리치지 못했다. 나는 돌아오는 길에도, 잠

자리에 들어서도 가슴을 누르는 돌덩이를 내려놓지 못했다. 다시 불을 켜고 가방을 열어 K 선생의 작품을 꺼냈다.

나는 길을 막아서는 골짜기와 비탈을 무시하고 두 번을 읽었다. 봄날의 아지랑이처럼 피어오르는 것이 있었다. 그것은 어느 결에 자연을 닮아버린 작가의 따듯한 시선이었다. 완성도가 떨어지는 까닭은 단지 글이 너무 짧은 탓이었다. 약속에 맞추느라고 서둘러 쓴 작품이었다. 애써 가꾼 예쁜 꽃밭을 밤사이 도륙 낸 겨울바람이 참 원망스럽기도 하련만 자연의 섭리로 포용하며 따뜻하게 바라보는 K 선생의 마음에 닿은 순간, 나는 행복을 느꼈지만 수박 껍질만 훑어보고 떠들어댔던 시간이 부끄러워졌다. 나는 K 선생의 글을 통해 작가에게는 그 무엇보다도 사물을 바라보는 따뜻한 마음이 소중하다는 걸 깊이 간직하게 되었다. 나는 어느 작품이건 뚜렷한 장면이 나타나야 한다는 신념 같은 걸 고집해 왔다. 그런데 오늘 비로소 깨달았다. 작품 속의 배경이나 풍경은 작가만의 의무가 아니라 독자의 상상력으로 재구성할 수도 있다는 것을. 나는 드론이 되어 그 섬의 겨울바람을 맞으며 밤하늘을 자유롭게 비행하고 싶다.

B 선생의 〈낭도, 오리무중에 빠지다〉 시에 흐르는 풍경이다.
"여수 분들인가 보네!"
(관광객들 등쌀에 못 살겠어.)
"저도 마찬가지인데요!"

(우리도 역시 관광객인데요.)
　"집이들은 아니여!"
　몇 마디 대화가 이 작품의 고갱이라고 할 수 있겠다. 작가가 낭도를 처음 찾아갔을 땐 천선대며 신선대, 장사금을 구경했으니 딱 관광객이었다. 두 번째 방문했을 땐 낭도 사람들이 사는 모습과 생각을 담으려 했으니 여느 관광객의 행동거지가 아니다. 그쯤이면 수많은 관광객의 걸음걸이와 말투를 겪어본 섬사람 눈이 '엇나가는 사람'을 못 알아볼까. 보면 아는 법이다. 귀신이 곡할 노릇이라며 유난을 피울 것도 없겠다. 여수 말에 관심이 깊은 나는 '집이들'이라는 한 마디에 끝났다.
　"집이는 부각 안 했지이다? 쬐깐허요. 설에 쓰이다."
　"오메, 싸거라. 아심찮이 뭘 이러고 조 싸요!"
　그러기에 B 선생의 '오리무중'은 동질성이고 동류의식일 것이다. 심중에 분명하나 딱히 표현할 방도가 없으니 오리무중이다. B 선생의 '오리무중'은 필설로 형언키 어려운 뿌듯한 행복감일 것이다. 나도 오리무중이다. 나의 오리무중은 그저 암중모색일 뿐이다.

　병원 치료를 마다한 바깥어른과 함께하신다는 식이요법이 어떤 것인지 알지 못하지만 근래에 보기 드물게 건강미가 넘치는 회장님 얼굴을 대하니 적이 마음이 놓이기도 했다. 거기까지였다. 별안간 사의를 표한 것이다. 역시 내 센스는 낡은 형광등이었다. 밥을 사겠다는 복선을 일찌감치 알아채고 다가올 사태를 대비했어야 했다. 나는 아닌 밤중에 홍두깨를 만나고 말았다. 하나, 엎질러진 물이니 염려는 붙들어 매기로 했다. 어차피 올해가 저물기 무섭게 저 인간으로는 안 되겠다는 원성이 터져 나올 테니 말이다.

뭐니 뭐니 해도 동아리의 꽃은 총무다. 모임에 골고루 빛을 비추기에 '두루빛'이다. 그런 총무의 역할을 위로하느라고 요즘엔 '사무국장'이라는 호칭을 바치기도 한다. 2010년 12월, 동부수필문학회가 태동한 이래 Y 선생이 무려 12년을 넘도록 총무로 헌신해 왔다. 실로 대단한 수고와 인내가 아닐 수 없다. 하나, 우리 동부수필의 약속된 내일을 위해서는 그 직을 내려놓을 수 없다. 독서광이 지척에 도서관을 두었으니 저다 2만 권의 책을 읽고 수백 권을 필사했다는 간서치 이덕무를 추월할까 심히 두렵다. 익은 누에가 명주실을 토해내듯 주옥같은 수필집을 선보이길 학수고대해 본다. 장장 12년 동안 우리 동부수필이 건재하고 두 권의 동인지까지 발간하게 된 공로를 회장님과 총무님께 돌리며 건승과 문운 융성을 기원해 본다.

도경 선생의 근황에 우리는 탄성을 내질렀다.
자신의 부정확한 발음도 고쳐볼 겸 먼 곳까지 고인을 찾아가 시 낭송을 사사하고 있다고 한다. 오십 번을 읽으니 그 많은 시가 저절로 외워지더라는 자랑 아닌 자백이 놀랍기만 했다. U 선생 따님의 카페 개업에 맞춰 선물하고 싶다며 핸드폰으로 보여준 그림 두 점이 내 눈을 사로잡았다. 폴 고갱의 원시가 투박한 원색의 터치로 소박하게 펼쳐지는 어촌 아낙들의 삶에서 짙은 생명력이 뿜어져 나오고, 세잔의 '붉은 지붕'을 연상케 하는 풍경화에선 평화가 잔잔하게 펼쳐지고 있었다. 서예와 미술, 시와 수필 등 도경 선생의 다재다능은 족탈불급이다.

동부수필의 고문 청석 선생의 카자흐스탄 예복은 좌중의 시선을 사로잡았다. 1,300편이 넘는 다작은 늘 나의 어안을 굳게 만들어버린다. 나는 일찍이 우리 수필계의 쟁쟁한 원로 중에 누가 1,300편이 넘는 작품을 탈고했는지 듣지 못했다. 아마 기념비적인 실적일 것이다.

우리 개량 한복을 닮은 감청색 상의는 품위 있고 포근해 보이는 검정색 캐시미어 모자와 어울려 귀족적 분위기를 연출하고 있었다. 선생께서 굳이 카자흐스탄 의상 차림을 한 건 카자흐스탄에서 활약하고 있는 아우님의 대체의학을 알리고 싶은 간곡한 심정 때문이었을 것이다. 선각자는 한 가지라도 더 유익한 정보를 깨우쳐 주려는 안타까운 마음이 앞섰지만 좌중은 집중과는 거리가 먼 양상이었다. 나부터가 그렇지 싶다. 발등에 불이 떨어져야 허겁지겁하는 게 사람의 행태 아닌가. 환자 자신이 가지고 있는 치유력을 최대한으로 키워줌으로써 스스로 병마를 물리치도록 돕는 대체의학은 난치병을 정복하지 못하는 현대의학의 궁극적 해결책이 아닐까. 면역력이 없는 사람의 병은 편작이나 화타라도 어쩌지 못한다. 그래서 에이즈가 무서운 것이다. 비단 건강 문제뿐 아니라, 우리는 너나없이 무엇을 어떻게 해야 좋은지 답을 알고 있다. 다만 실천을 하지 못하고 있는 것이다. 좋은 것을 실천하는 힘은 확신이다. 확신은 어디에서 나올까? 그것은 지식과 경험에서 비롯된다. 직접경험이건 간접경험이건 믿음에 보탬이 된다. 믿음은 실행의 용기이다. "믿음은 바라는 것들의 실상이다." 성경에 있는 말이다. 믿음은 마음에 그치는 것이 아니라, 그 바라는 마음을 행하는 것이기에 마침내 실제로 그 성과물이 나타나는 것이다.

C 선생의 표정은 늘 진지하다.
말수가 적은 까닭은 어항에 산소를 공급하려고 궁리하는 연고일 것이다. 간간이 일행의 행간을 깨우는 조용한 음성은 우아한 간주곡이 되어 흐트러진 토론의 실마리를 찾아준다. 나는 청석 선생의 카페에서 C 선생의 여러 작품을 만나보았다. 유년 시절부터 노래 부르기를 좋아한 선생의 노래에선 왠지 〈사랑의 거리〉를 부른 문희옥이 출현할 것만 같다. 생활 속에서 봉사와 도움을 실천하고 있는 C 선생은 동부수필의 뜨락에 피어난 백합이다.

누구보다도 여수를 사랑하여 주기적으로 탁월한 고견을 제시해 주시는 YM 선생을 신년 모임에서 뵙지 못한 서운함이 크다. 내가 굳이 선생의 함자 이니셜을 YM으로 표기한 까닭이 있다. 선생의 함자 가운데 앞 두 글자는 부모님의 성이다. 따라서 이름은 외자인 셈이다. 아득한 1940년대에 부부의 성을 합하여 자녀의 이름을 지었다니 놀라울 따름이었다. 나는 부부의 성을 더하여 자녀의 이름을 네 자로 짓는 예가 요즘에 생겨난 새로운 풍조인 줄로 알았다. 나는 YM이라는 그 자체로 선생의 부모님이 시대를 앞서가는 선각자였다고 생각한다. 한국수필작가회 동인지 《나를 담는 그릇》에서 선생의 작품 〈37년 만에 찾은 엄마의 표창패〉를 다시 감상했다. 어머님을 향한 선생의 사모곡이 눈물겨운데 표창패 내용 가운데 당시 구순의 시모님께서 사람들을 대하여 이르기를 "우리 며느리가 아니었던들 내 어찌 이제까지 살았으며 열 자식을 둔들 우리 며느리 하나를 당하리오"라고 하신 말씀이 가슴에 남아 심금을 울리는 것이었다.

애잔한 멜로디가 산록의 안개처럼 아늑한 순수문학으로 우리의 상처를 위로해 주는 이화 선생이 그리워진다. 언제나 집안의 맏며느리 분위기를 발산하며 생활인의 활력소가 되어주는 임경화 선생의 수수한 철학 이야기를 듣고 싶다. 새 가족 K 선생과의 상봉을 기다린다. 순천과 광양의 문우들도 평안하신가.

2월이 기다려진다. 나는 카페 '에스프레소55'의 개업 날에도 잿빛 페도라로 백발을 감추고 얼굴을 보일 작정이다. 근데, 내가 쓰고 온 모자가 이태리 명품인 걸 알아보기는 했을까~~

동부수필 르네상스를 기대해 본다.

봄이 오고 있다.

사투리 시대를 그리며

라디오 방송을 듣다가 '제주에 한번 내려가 보라'는 여행 안내자의 말에 제동이 걸렸다. 어투로 미루어 그 사람은 서울에서 말했을 터이다. 기상 캐스터들은 아직도 경상도니 전라도니 하며 조선시대에 살고 있다. 아무렇지도 않게 쓰이는 말이라며 대들기라도 하면 별수야 없지만 어딘지 모르게 서울 냄새가 난다. '내려가 보라'는 말은 논할 필요도 없는 '서울 사상'이다. '사투리'도 서울 우위에서 생겨난 천덕꾸러기 말인듯하다. '사투리'라는 낱말의 어감마저 썩 마음에 들지 않는다. 자투리, 꼬투리가 연상돼서 그런지도 모르겠다. 지역어니 사투리니 하는 낱말 대신 토박이말, 고유어, 토착어를 바탕으로 하여 서울 토박이말, 강원도 토박이말, 제주도 고유어, 부산 토착어 등으로 표기했으면 좋겠다.

나는 여수 말을 수집하다가 깜짝 놀란 적이 있다. 여수 사람들이 사투리가 아닌 토박이말을 풍성하고도 자연스럽게 구사하고 있다는 사실을 알아냈기 때문이다. 서울 사람들은 표준어 사용을 자랑한다. 그러나 한 꺼풀 벗겨보면 그 속에 토박이말이 없다. 국어사전에는 금싸

라기 순우리말을 낱낱이 소개하고 있지만 서울 사람들은 쭉정이 방아만 찧고 있다. 여수 사람들은, 비가 듣는다, 삭신이 아파 갱신을 못한다, 성금도 없다, 야코가 죽었다, 영금을 봤다, 밥이 나쁘다, 깨끔하다, 꼽사리 낀다, 무장 더 한다, 볼강스럽다, 살림이 짱짱하다, 거시기, 잔생이도 없다, 시나브로 등등 수많은 토박이말을 자연스럽게 쓰고 있다. 필자가 정리한 것만도 500단어가 넘는다. 여수 말은 토박이말의 보고라고 해도 과언이 아니다.

아직도 살아있는 '첨(僉)'이나 '선(先)', '소암'을 사전에서 지워버리는가 하면 죽은 지 오래되어 해골만 남은 말을 살려 쓰자며 억지나 부리는 이들이 책상을 차지하고 있는듯하여 속이 거북하다. 사람이 죽으면 묘를 쓰는데 잡아 죽인 낱말은 화장하여 강물에 띄워 보냈는지 흔적도 없다. 사람이 죽었다 하여 호적부에서 이름을 지워버리지는 않는다. '다라이'는 일본말이라서 쓰면 안 되니 '대야'로 하란다. 언중의 힘에 편승하여 복수표준어를 남발하고 어법에 맞지도 않은 말을 표준어로 인정해 주는 아량을 베풀면서 대한민국 국민의 공통어인 '다라이'는 안 된다 한다. 정히 '다라이'가 곤란하면 '다라'로 해도 괜찮을 터인데 엉뚱한 대야 타령이다. 그러면서 '물을 담아서 무엇을 씻을 때 쓰는 둥글넓적한 그릇'을 대야라 하니 가관이다. 다라이가 물을 담아서 무엇을 씻을 때에만 쓰는 그릇인가? 10분의 1쯤 맞을까 말까 한 이야기다. 마땅한 우리말이 없으면 외국어라도 빌려서 우리말로 삼으면 된다고 생각한다. 국어사전에 외래어가 얼마나 많은가 말이다. 국어사전은 대야를 '얼굴이나 손발을 씻을 때 쓰는 그릇'에서 '무엇을 씻을 때 쓰는 그릇'으로 두루뭉술하게 얼버무려놓은 듯하다. 아무래도 '다라이'를 염두에 둔 처사이지 싶다. 최근 반가운 소식을 들었다. 마침내 '다라이'가 국어사전에 오른 것이다.

사투리일지라도 언중이 두루 쓰거나 표준어로 삼아서 좋은 말은 표준어로 격상시켜야 한다고 생각한다. '질긴 고기' 하면 상대적으로 '연한 고기'가 연상되므로 '질기다'와 '연하다'는 의심할 여지가 없는 반의어이다. 그러나 방향을 조금만 틀면 금세 이상해진다. 천이나 밧줄, 목숨이 질기다고 할 때 이번에도 그 반대말로 '연하다'를 쓴다면 말이 아니다. 이제 '질기다'의 반의어로서 무르고 부드럽다는 뜻의 '연하다'는 적당하지 않은 낱말이라는 걸 알았지만 막상 '질기다'의 반대말로 쓸만한 표준어가 보이지 않는다. 여수 사람들은 '질기다'의 반대어로 '철철하다'를 쓴다. 쉽게 끊어지거나 분리되며 쉽게 해진다는 의미이다. 문 생선에서 나는 '문내'는 여수 사람들의 전통 어린 상용어인데 웬일인지 국어사전은 북한말이라 소개하고 있다. 대한민국 사람들이 자주 쓰는 북한말이라니? 괴가 알 낳을 노릇이다.

"도다리가 물었는지 문내가 나더니만 국을 끓여보니 살이 철철하더라."
"새끼줄이 오래돼서 어찌나 철철한지 눈만 흘겨도 끊어져 버린다."
"양말이 철철해서 몇 번 신지도 않았는데 뒤꿈치가 다 닳았어."

다른 곳보다 별스럽게 바람이 심하게 부는 곳을 여수 사람들은 '바람따지'라고 한다. 모롱이처럼 휘돌아져 가는 지형은 '돌아지기'라 한다. 맹위를 떨치던 한낮의 뙤약볕이 수그러들어 좀 서늘해지는 즈음은 '서늘짐(즘)'이다. 작년, 곧 지나간 해가 '지난해'이듯 내년 곧 다가오는 해를 '오난해'라 하는데 '오난'은 '오는'의 옛말로 생각된다. 또 점심때가 지난 후부터 해거름 때까지를 '정때'라고 부른다. 따라서 '정때 내'는 '오후 내내'와 비슷한 뜻이다. 해거름 때는 '해그(거)름판'이다. 오래되어 썩은 이엉을 '썩은새'라 하는데 표준말이다. 그런데 "조금 썩은듯하다"라는 뜻으로 쓰이는 말은 보이지 않는다. 여수 사람들은 '썩음하다'라고 한다. 아주 썩지는 않았으나 용도에 쓰지 못할 정도로 썩은 상태를 가리켜 '썩음썩음하다'고 말한다. 또 조금 춥다고 느껴지는 상태를 '춤스름하다'고 한다. 바닷물이 나면서 드러난 갯벌이나 개펄에서 바지락, 꼬막, 맛 따위의 조개류나 낙지, 해조류 등을 채취하는 일을 '갯것'이라 하여 '갯것간다', '갯것한다' 등으로 활용한다. 일삼아 구구하게 늘어놓는 까닭은 이런 여수 사투리를 대체할 만한 순우리말을 찾지 못했기 때문이다.

이웃 일본에선 지역방송국에서도 뉴스만 표준어를 쓸 뿐 그 밖의 모든 프로그램은 지역 사투리로 진행한다고 한다. 타관 사람이 어느 지역으로 이사하면 그곳 사투리부터 익혀야 한다니 뜻밖이다. 도쿄 사람이라도 그 지방의 사투리를 제대로 구사하지 못하면 이방인 취급을 당한다고 한다. 시골 사람이 억지로 서울말을 쓰려고 안간힘을 쓰는 우리 현실이 애잔해 보인다.

　본토박이들의 말은 정감이 넘치고 말맛이 난다. 그들 부조의 자취와 애환이 깃들어 있을 뿐 아니라, 본토의 기후 풍토와 산천경개가 그대로 배어있는 듯하다. 그런 말을 버리고 서울말을 쓴다는 건 지역의 숨통을 옥죄는 일이다. 사투리는 꺼벙한 시골 사람 역(役)에나 어울리는 말이 아니다. 무대에 올리어져 배꼽이나 잡게 만드는 우스개는 더욱 아니다. 만약, 판소리를 현대 표준말로 바꾸어 공연한다면 우선 소리꾼이 장단을 맞추지 못해 헤매지 않을까 싶다. 전혀 구성지지도 않고 감칠맛 없는 소리에 놀라 어안이 벙벙해진 관객은 하나둘 자리를 뜨고 말 것이다.

천대받는 우리말

뉴스나 무슨 강연을 듣다 보면 종종 '이른바'나 '예컨대'가 귀에 거슬린다. 말이 아니라 글에나 써야 할 낱말인 데다 별 쓸모도 없는 군더더기들이다. 뉴스를 예고하며 'ON AIR'가 번득거린다. 내 주변에는 영어식 표현에 길들여진 사람들이 많다. 그러다 보니 "탁자 위에는 풍선이 있고 그 아래엔 신발이 있다"라는 문장이 아리송해지고 만다. 풍선이 탁자에 있다는 의미인지, 탁자 위 공중에 매달려 있는 상황인지 헷갈리는 것이다. 나는 '친구에게'보다는 '친구한테'를 좋아하고 '누구로부터'보다는 '누구한테서'를 즐겨 쓴다. 내가 사는 지역의 시골 버스 정류장 표시는 'BUS STOP'밖에 없다. 자꾸만 자리를 잃어가는 우리말을 생각하다 보면 혈압이 오르는데, 어느 날부턴지 효험과 비슷한 뜻을 지닌 '소암'이 국어사전에서 쫓겨났다. 몇 해 전까지도 '소암약방'이라는 간판을 봐왔던 터라 섭섭한 마음이 가라앉지 않는다. '씨(氏)'보다 높임말로 쓰이는 '선(先)'은 엄연히 살아있는 말인데 요즈음의 국어사전에는 흔적도 없다. 선(先)을 우리 고장 사람들은 '샌'이라 하여 박 샌, 이 샌, 최 샌 따위로 부르고 당사자가 없는 자리에서는 그 앞에 이름을 붙여 ○○ 박 샌, △△ 이 샌으로 구분하기도 한다. 지금은 전혀 쓰이지 않는 죽은 말들은 버젓이 자리를 꿰차고 있는 마당에 우리 삶 속에 살아있는 우리말이 감쪽같이 지워진 까닭을 이해할 수 없다. 아니, 용납이 되지 않는다.

눈이 어두운 사람을 시각장애인이라고 한다. 시각장애인과 뜻이 같은 토박이말에는 봉사, 소경, 장님이 있는데 국어사전은 하나같이 '시각장애인을 낮잡아 이르는 말'이라고 설명하고 있다. 벙어리는 언어장애인을, 귀머거리는 청각장애인을 낮잡아 이르는 말이라며 못을 박아놓았다. 언청이, 애꾸, 외눈박이, 절름발이, 외다리, 외팔이, 육손이, 앉은뱅이, 사팔뜨기, 곱사등이, 꼽추도 그런 장애가 있는 사람을 만만히 여기고 함부로 낮추어 대하는 말이라고 깔아뭉개 놓았다. '외눈박이'나 '벙어리'를 입 밖에 냈다간 장애인 비하라며 감당키 어려운 곤욕을 치르기 십상이다. 그렇다면 그런저런 장애인을 낮잡지 않고 대접하여 이르는 말이 따로 있다는 것일까? 대책이라곤 없어 보인다. 벙어리 삼룡, 노트르담의 꼽추, 애꾸눈 잭은 어쩌나. 심 봉사는 뭐라 고쳐 불러야 하고 소경이 소경을 인도하면 둘 다 구덩이에 빠진다는 성경 구절은 어떻게 고쳐야 할까. 별안간 궁금증이 일어 1980년대에 출판된 《새우리말큰사전》을 꺼내 들었다. 소경, 봉사, 벙어리, 귀머거리, 언청이, 애꾸, 곰배팔이 어디에도 낮잡아 이르는 말이라는 설명은 눈에 띄지 않았다. 요즘의 국어사전은 '운전수'도 운전사를 낮잡아 이르는 말이라고 설명해 놓았다. 소방수, 간호원이 소방사, 간호사로 바뀐 지는 오래되었다.

말은 시대의 흐름에 따라 변화하고 생성, 소멸되기 마련이지만 무리하게 개악해서는 안 된다. 우리 고유어들이 언제 누구 손에 의해 무슨 이유로 감쪽같이 사라지고 하루아침에 천한 말로 변질되었는지 모르겠지만 반드시 본래의 모습을 되찾아야겠다.

 단비

  비가 내리려나 봅니다.
  보도블록 틈새로 끕끕한 물기가 배어납니다. 벚나무들은 오후의 고즈넉한 해안 길을 따라 저리도 숙연합니다. 길섶의 망초와 억새마저 움직임을 멈추었습니다. 바다는 거울이 되어 더욱 깊은 침묵에 잠깁니다. 그들은 하나같이 그리운 혈육을 기다리고 있습니다. 땅이 품어 안은 물은 본디 하늘에서 온 생명입니다. 나뭇잎과 풀잎에도 어느 날의 천락수 숨결이 넉넉히 스며있습니다. 바다는 서서히 짙은 안개를 피워 하늘을 마중합니다. 안개는 끈질기게 구름을 채근합니다. 가벼운 바람이 동 끝에서 일어 나지막한 구릉을 넘어옵니다. 가녀린 나뭇가지들이 잎사귀들과 함께 살랑살랑 춤을 추기 시작합니다. 안개는 산록을 타고 여러 산봉우리에 오릅니다. 나는 시간을 잠재우는 바다의 묵도에 숨도 쉬지 못합니다. 섬과 섬에 어둠이 깃들고 우윳빛 바다도 저물어갑니다. 그때 후드득후드득 빗방울이 떨어집니다. 어스름 속에서도 나뭇잎과 풀잎들이 파르르 떠는 모습이 보입니다. 잦아지는 빗소리는 밤들도록 즐거운 노래입니다. 단비는 그렇게 내리고 있었습니다.

지평선 너머에도 때를 맞춰 비가 내립니다. 억조의 초목이 한마음 되어 비손한 공덕입니다. 대초원은 일제히 푸른 생명의 노래로 화답합니다. 사람들이 소 떼로 초원을 짓밟습니다.

엄청난 양들은 초원의 살육자 메뚜기 떼와 같습니다. 초목을 닥치는 대로 먹어 치웁니다. 생명이 소멸된 초원은 쓸모없는 사막이 되고 맙니다. 사막은 게걸스럽게 비를 받아먹곤 남김없이 어둠에 쏟아 버립니다. 사막은 타락한 바람을 타고 생명의 땅을 뒤덮습니다. 하늘은 비를 내려주지 않습니다. 구름을 거두어 떠나버렸습니다. 사람들은 뉘우치지 않고 하늘을 원망했습니다. 그들은 끝내 하늘을 저주하다가 죽어갈 것입니다.

비는 열대우림을 껴안고 축가를 불러줍니다. 드넓은 아마존은 풍성한 활력으로 하늘을 우러릅니다. 비는 자주 내리고 아마존은 세상의 녹화를 꿈꿉니다. 숲속에는 온갖 길짐승과 날짐승이 번성하고 강에는 물고기들이 유영합니다. 그러나 사람들은 도끼와 기계톱과 장총을 들고 숲으로 향합니다.

비가 내리면 죽은 나무는 속히 썩을 뿐입니다. 살아있는 나무에 내리는 단비는 축복입니다. 내 마음속의 나무는 늘 푸른 나무이기를 소망합니다.

하늘이 무너져 며칠이고 쏟아지는 비가 원망스럽습니다. 하늘에 홍수가 나니 일월성신도 무사하지 못합니다. 해와 달과 수많은 별이 휩쓸려 땅에 떨어져 버립니다.

비가 개니 햇살은 산록에 빛납니다. 산록이 입을 엽니다. 비에 씻고 나서 빛을 받으니 세상이 새롭다 합니다. 나는 한사코 굴속을 고집하며 비를 피합니다. 사람들은 비를 맞으면 독감에 걸려 죽는다고 했습니다. 빗속에는 몸에 해로운 방사성 물질과 여러 가지 독소가 들어있다고들 했습니다. 비에 씻으라 한 산록을 처단해야 한다며 고함을 질렀습니다. 나는 두려움에 떨기만 합니다. 용기 있는 몇 사람이 나아가 비를 맞았습니다. 어느덧 그들은 환골탈태하여 '무궁화'가 되었습니다. 나는 그 비의 효험에 놀랐습니다.

  방사능과 독소를 주장하며 비를 맞지 말라던 자들은 딴소리를 하다가 자취를 감춰버렸습니다. 그제야 나는 단비를 기다리나 하늘에는 구름 한 점 없습니다.

비록 아물지라도

　나무에 상처를 내면 세월이 흘러 아물지라도 흉터가 남는다는 평범한 이치를 나는 너무 늦게 깨달았다. 그런 상처는 아무리 긴 세월이 흘러도 아름다워지지 않는다. 누군가를 위해 희생한 사람의 상처만이 아름다울 따름이다. 사람들은 새해 첫날의 추위에도 호기를 부리며 새벽을 도와 일출을 기다린다. 바다에서, 산마루에서 솟아오르는 눈부신 해님을 맞으며 새해의 소원을 빈다. 어쩌다가 나도 그랬다. 그러나 나이가 깊어져 가니 별로 감각이 없다.
　돌아보니 나 자신이 실로 한심스러워진다. 나는 전혀 새로워지지 않았는데, 해님만 새롭고 달력만 새것이었던가 보다. 나는 무슨 욕망을 채우고 싶어 새 해를 만나러 왔을까. 세상에 말해도 좋을만한 조촐한 소망을 빌러 왔던가. 새 달력의 첫날이 당부하는 이야기를 나는 알지 못했다. 새해가 내게 그 무엇을 바라고 있다는 걸 생각해 본 적이 없었다. 매실나무 가지마다 금방이라도 터질듯한 꽃망울이 흐드러졌다. 어쩌나, 고희가 지나서야 그 쉬운 진리를 알게 되었다니 지난 세월이 덧없어 하늘 한 번 올려다본다.
　죄 없는 메타세쿼이아는 올해도 어김없이 능지를 상상케 하는 혹

형에 초주검이 되었다. 모진 것이 목숨이라지만 꼴이 말이 아니다. 오가는 사람들은 무엇이 저리 바쁜지 눈길 한번 주지 않는데, 나는 그 살풍경을 외면하고 싶어 땅만 내려다보며 걷는다. S 시장 건너편 플라타너스 가로수의 수난은 이젠 전설도 아니다. 무릇 추억은 아름답다고 한다. 그러나 몽당연필이 되어버린 플라타너스의 추억은 결코 아름답지 않다.

누군가에게 자신의 추억이 아름답다고 하려면 그 사연이 아름다워야 한다. 듣는 이가 아름다움에 동의해야 하는 것이다. 아름답다는 의미는 내게 휴머니즘으로 다가온다. 추억의 휴머니즘은 가슴이 따뜻해지는 이야기이다.

사랑의 행적은 꼭 사람이 아니어도 괜찮다. 나는 착용하고 다녔던 의복과 신발에도 감정을 이입하여 의물화하고 다시 의인화하는 과정을 통해 잔잔한 슬픔마저 정화하여 잔잔한 사랑으로 간직하는 사람의 이야기를 읽은 적이 있다. 나는 구두에도, 의자에도 요정이 깃들어 있을까 하는 환상에 잠겼다. 대상을 아끼는 마음과 애틋한 정이 사랑 아닌가.

험한 말로 상대에게 상처를 주지 말자. 아무리 정성을 다해 사과해도 마음의 상처는 온전히 아물지 않는다. 다투지 말자. 다툰 후에 멋지게 화해해도 다투지 않음만 못하다. 한번 섭섭해진 마음은 앙금으로 남아 결코 사라지지 않기 때문이다.

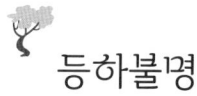 등하불명

　어쩌다가 우리 가족에 관해 무슨 자랑거리를 적어볼까 하면 딱히 내세울 만한 얘깃거리도 떠오르지 않는 데다 '팔불출'이 마음에 걸려 시도조차 하지 못하고 살았다. 팔불출의 가풀막을 올려다보며 이런저런 자랑을 꺼내는 사람들의 흥이나 보고 있을 때, 한 정치인의 성장기가 눈길을 끌었다. 초등학교를 나오자마자 타관에서 '공돌이'가 된 소년이 갖은 어려움 속에서도 고입, 대입 검정고시를 거쳐 고등교육까지 마치고 변호사가 되었다는 감동적인 일화였다. 그의 입지전적 성장기는 내 팔불출 사전에 안사람의 면목이 클로즈업되는 계기가 되었다.

　한동안 아내한테 PC를 탈취당했다. 내가 PC와 심층 면접을 하는 저녁 시간대를 앗기는 날이 늘어가노라니 글쓰기의 패턴이 흐트러지더니 급기야 글감조차 떠오르지 않는 불상사가 생기고 말았다. 속이 끓기 시작했다. 일흔 살 아내가 초저녁부터 밤들도록 내 자리를 꿰차고 있는 청승을 이해하기 어려웠다. 몇 달 동안 아내는 PC와 씨름하며 문서 작성을 넘어 파워포인트와 엑셀까지 섭렵하며 컴퓨터활용

능력 시험을 네 번이나 치르며 정보기술자격 등급을 경신해 나갔다.

  뒤돌아보니 끈기를 앞세운 아내의 도전은 꽤 유서가 깊고 다양했다. 그는 30대에 조리사 자격 취득을 시작으로 40대에는 고입 검정고시를 거쳐 대학에 진학하는가 하면 운전면허, 요양보호사, 간호조무사, 바리스타 자격을 차례로 취득했다. 최근에는 하모니카에 심취하더니 동호회 활동을 통해 정기 연주회는 물론이고 버스킹에 빠져 나의 만찬에 외로움을 안기곤 한다.

  가히 본받을 만한 아내의 도전 정신에 갈채를 보낸다. 아내의 업적을 짚어보니 앞에서 소개한 입지전적 정치인에 못지않은 인생이라는 확신이 선다. 그러나 무엇보다도 백수건달이었던 나와 혼인하여 살림을 일구고 두 아들을 늠름한 사회인으로 키워낸 공이 크다. 아내는 용한 의원이 있다며 내 얼굴에 널려있는 기미, 주근깨를 없애자고 했다. 격하게 거절하다가 늦게야 생각해 보니 대청소가 필요할 듯도 하다. 아내의 품격을 위해 내 외모를 말끔하게 가꾸는 것은 제법 소중한 과업인 것 같다.

  앗, SNS에 아내가 등장하여 하모니카 연주를 한다. 나는 하도 신기하여 세 번을 들었다. 잔잔한 멜로디가 어디선가 산들바람을 불러와 불볕더위를 식혀준다.

번역가의 길

토속어를 수집하여 정리하는 사람은 번역가이다.

나는 그 일이 여느 외국어 번역 못지않게 어려운 작업이라고 생각한다. 영어를 우리말로 번역하거나 우리말을 영어로 번역하는 사람은 영한사전이나 한영사전이라는 든든한 지원군이 있으나, 토속어를 표준어로 번역하는 사람의 작업은 뜬구름 잡기만큼 무모하다. 토속어라는 바늘을 들고 모래밭에서 그와 떼닮은 바늘을 찾는 격이다. 모래밭은 국어사전이나 백과사전이다. 때로는 식물도감과 동물도감도 모래밭이 된다.

여수 말 몰고개가 표준어로 광대나물이고 깔끄막의 표준어가 비탈이 아니라, 가풀막이라는 사실을 알아내기까지의 노심초사를 말하려니 자화자찬 같아 열없기는 하다. 개동백사리가 사스레피나무라니! 개동백은 사철나무이다. 고롱개나무는 멀구슬나무이고 쇠까잘나무는 자귀나무이다. 먹땡깔은 까마중, 참땡깔은 땅꽈리이고 몰짱겡이가 바로 쇠무릎이다. 소멍넝끌은 사위질빵이고 새끼농어 '깔따구'의 표준어는 껄떼기, 고록은 꼴뚜기이다. 나는 저 몰짱겡이와 소멍넝끌에 녹아버렸다. 여수 사람들은 '쇠무릎'을 하필 말의 정강이에 비유하여 '몰짱겡이'이라고 했을까? 이로써 나는 여수 사람들에게 말이 소보다 더 친숙한 동물이었다는 사실을 유추해 냈다. 조선은 여수곶이(여수반도)에 '곡화목장'을 설치하여 천여 마리의 군마를 길렀으니 여수 사람들은 어디에서나 말을 볼 수 있었을 것이다. 한여름에 불쑥 꽃대를 내밀어 분홍색 꽃을 피우는 상사화를 여수 사람들은 '몰목'이라 불렀다. 봉오리를 달고 고개를 내민 불그레한 모습이 천생 말의 목이다. 사위질빵 덩굴의 꺾인 마디는 저절로 소의 멍에를 연상케 한다.

수많은 여수 말이 나의 작은 노력으로 세상에 면목을 드러냈다.
"삭신이 아파 갱신을 못한다"라는 여수 말이 온전히 표준어였다는 허탈감이 오히려 알 수 없는 희열로 다가오던 기억이 새롭다. 《새우리말큰사전》을 밤새워 뒤지고 《겨레말갈래큰사전》에 얼굴을 묻기도 했다. 나는 표준어에 따른 여수 방언을 정리하여 누구나 쉽게 여수 말을 찾을 수 있도록 하여 범용성을 확보했다. 여수 사람이 여수 방언을 편찬한 것이 아니라, 서울 사람이 여수 말을 수집하고 정리한 것과 같다고 할 수 있다. 이러한 시도는 아마 내가 최초이지 싶다. 그전에는 다들 사투리를 내세워 표준어에 대비하다 보니 서울이나 타지 사람 처지에선 접근하기가 여간 불편하지 않았을 터이다.

언어는 문화의 뿌리이며 꽃이다. 방언은 지역 문화의 근본인데, 방언의 가치를 알아보고 소중히 여기는 이들을 찾아보기 어려운 현실이 답답하다. 방언은 코미디의 소재가 아니다. 그 속에 조상의 피땀 어린 삶의 애환이 깃들어 있고 민족의 얼이 살아 숨 쉬고 있다. 그러므로 방언을 궁구함은 조상의 뿌리 찾기와 다르지 않다. 우리 국어책에는 토속어가 별로 없다. 그 이유는 무엇일까? 부조의 삶의 향기가 배어나는 토속어(순우리말)를 잘 아는 사람이 없고, 이를 글로 표현하거나 가르치는 사람이 별로 없기 때문이다. 나는 방언을 수집하고 정리하면서, 순우리말이 방언과 같은 핏줄이라는 사실을 발견했다. 여수 사람들은 일상에서 주옥같은 순우리말을 자연스럽게 주고받으며 살아가고 있었다.

언어의 세계는 끝을 찾기 어렵다.
《방언사전(여수편)》을 편찬할 때만 해도 꽤 자신이 있었는데, 20년 세월은 그것이 치기였다는 사실을 말해주고 있다. 나는 그 후에 꾸준히 수집해 온 수백 가지 여수 말을 보태어 다시 정리하지 않을 수 없게 된 것이다. 부득이 증보판을 출판해야 하는 까닭이다. 이 일은 3년 안에 마무리해 볼 심산이다.

귀신은 무얼 먹고 사나

  도깨비불을 이야기책에 나오는 허구로만 알았던 아내가 시퍼런 도깨비불과 맞닥뜨리곤 비명을 지르던 광경이 눈에 선하다. 어디 그뿐인가. 오랫동안 나의 혼불 목격담을 믿지 않던 아내가 드디어 혼불을 보았다며 이제는 나보다 더 열을 올린다. 꼬리가 달린 혼불은 남자의 것이라며 기고만장이 꺾일 줄 모른다.

  외딴집에 밤마실을 다녀오던 아내는 길을 건너다가 저만큼에서 웬 소복 차림의 여인이 바람처럼 다가오는 걸 보았다. 여인의 적삼은 기다란 옷고름과 함께 너울거리는데 발이 허공에 떠서 거짓말처럼 날아오고 있는 게 아닌가. 어스름한 달빛에 비친 여인의 얼굴은 살 한 점 없는 해골이었고 두 눈은 검은 구멍만 있을 뿐이었다. 틀림없는 귀신이었다. 심장이 멎을 것 같았다. 아내의 목전에 다다른 여인은 얼핏, 달포 전에 마을 앞 횡단보도에서 교통사고로 비명횡사한 아주머니인 듯했다. 아내는 신발이 벗겨지는 줄도 모르고 오던 길을 죽어라 하고 내달려 불이 켜진 집의 안방으로 뛰어들어 이불을 뒤집어썼다. 잠자리에 들었다가 느닷없이 이불을 빼앗긴 부부는 놀라 자지러졌다.

그러나 나는 여자 귀신은커녕 귀신 닮은 허수아비조차 조우하지 못했기에 아내의 '귀신 소동'을 반신반의해 왔다. 아니, 믿지 않는 편이었다. 아내는 귀신이 있다고 단언하고 나는 "정말 귀신이 있을까, 어쩌면 있는지도 모르지" 하며 지내왔다. 하나, 요즘의 나는 '아무래도 귀신은 있는가 보다'라며 귀신의 존재를 시인하는 쪽으로 기울어졌다. 세상에는 온갖 귀신 이야기가 어지럽고 성경책에도 여기저기 귀신이 등장하는 것으로 미루어 귀신의 존재를 부정하기 어렵겠다고 여긴 것이다. 귀신은 허깨비와는 다른 차원의 존재인 듯하다.

핸드폰을 심심풀이 삼다가 "절에도 귀신이 있다"라는 이야기를 들었다. 절에는 금강역사도 있고 사천왕이 눈을 부릅뜨고 지키며 부처님을 모시고 있는데 귀신이 존재한다는 이야기가 썩 믿기지 않았다. 그러다가 '귀신은 무얼 먹고 살지? 귀신도 뭘 먹어야 사는 존재라면 절에는 귀신의 먹거리가 있다는 말인가?' 하는 의문이 일었다.

사람은 몸과 마음 곧 육체와 영혼으로 이루어져 있기에 두 가지 양식을 먹어야 한다. 몸의 양식은 입으로 먹고 마음의 양식은 눈으로 먹고 귀로 들어 먹는다. 몸이 먹는 음식물에 유익한 것과 해로운 것이 있듯, 마음의 양식도 마찬가지다. 귀신은 육체가 없는 혼령이므로 된장국 한 숟갈도 먹을 수 없다. 하나 귀신도 무언가를 먹어야 살아갈 터이다.

'귀신(鬼神)'이라는 말은 귀(鬼)와 신(神)의 합성어라는 주장도 있는데 그럴싸하게 들린다. 사람에 선인과 악인이 있듯, 귀신도 악한 귀신과 선한 귀신이 있다는 이야기다. 종교적으로 접근하면 악령과 성령 곧 마귀와 하나님이다. 귀신이라면 무엇보다도 '원귀(冤鬼)'가 떠오른다. 나는 소년 시절부터 밀양 부사의 딸 '아랑 이야기'를 들어왔다. 억울하게 죽어 원령이 된 아랑이 자신의 원한을 갚아달라 하소연하려고 했지만 부임하는 원님마다 비명횡사하고 말았다. 이상사라는 담력 큰 사람이 밀양 부사를 지원하여 마침내 아랑의 원한을 풀어주었다는 전설이다. 나는 신관 사또가 몇이나 죽어나갔는지 모른다. 아랑은 자신을 죽인 자에게 나타나 혼을 빼놓을 노릇이지, 왜 신관 사또들에게 나타났을까? 사람들은 원혼이 된 아랑을 가여워할 뿐, 신관 사또들을 횡사케 한 그의 원혼을 책하지 않으니 그도 괴이한 현상이다.

 귀신은 음기의 집합체라서 음기가 왕성한 오밤중에 기운이 성해졌다가 여명이 밝아오는 계명축시가 되면 기운이 쇠해져서 사라진다고 한다. 귀신은 육체가 없기에 오직 사람의 정신을 홀리고 혼비백산케 한다.

 귀신은 사람에게 붙는다고 한다. 마음 약한 사람이 점집에 가서 귀신 씌었다는 이야기를 들었다. 무당은 영험을 유지하기 위해 더욱 힘센 귀신을 불러들인다. 그러다 보니 무당 안에서 힘센 귀신들한테 괄시당하고 설움받던 못난 귀신이 탈출할 기회를 엿보고 있다가 만만한 사람 속에 들어간다는 것이다.

 뱀은 죽은 건 먹지 않는다. 귀신도 살아있는 것만 먹는다고 한다. 반면에 생명 있는 것은 먹지 않는 신들도 있다. 귀신은 무얼 먹고 살아가나? 씻나락을 까먹고 산다. 씻나락은 벼농사를 지을 종자이기에 벼알 중에서 크고 무겁고 흠이 없는 것을 고른 볍씨이다. 귀신은 씨가 없는 백미는 거들떠보지도 않는다. 귀신이 씻나락을 까먹을 때는 소리가 난다. 씻나락이 까먹히는 소리다. 씨를 잃으면 '나락'에 떨어진다.

 어느 절에 귀신이 있다면 그 절에는 귀신이 까먹고 싶은 '씻나락'이 있을 터이다. 귀신은 혼령이기에 그 씻나락도 우리가 생각하는 그런 볍씨가 아니라는 걸 어렴풋이 짐작할 수 있겠다. 귀신이 까먹는 '씻나락'은 대체 무엇일까?

 씀사무소

　초등학교에 들어가 "개나리꽃이 피었습니다"를 열심히 읽었습니다. 2학년 사회 시간에 선생님께서 내게 책을 읽으라고 하시더군요. 내용을 기억하지는 못하지만 '읍사무소'가 나오는 이야기였어요. 나는 자신만만하게 '씀사무소'라고 읽었는데 어째 교실 분위기가 좀 이상했습니다. 선생님은 가만히 웃으시며 '읍사무소'라고 친절하게 시정해 주셨지요. 그러나 나는 한동안 '씀'을 왜 '읍'으로 읽어야 하는지 이해할 수가 없었습니다. 자연책에 나오는 '넘보라살'과 교과서 뒷장의 네모 안에 적혀있던 '되박아 펴낸이'는 내 유년 시절의 풀 수 없는 수수께끼였습니다.

　1989년에 '읍니다'가 '습니다'로 바뀌자 사람들은 착각에 빠져들었습니다. '했읍니다'를 '했음'으로 줄여 썼으니 '했습니다'도 당연히 '했슴'으로 써야 한다고 생각한 것이지요. 우리의 캡틴께서도 이 '원칙'에 충실하여 혹시라도 직원들이 '정비했음', '완납했음' 등의 문구를 넣어 결재서류를 올리면 가차 없이 밭을 갈아 '음'을 '슴'으로 고쳐주었습니다. 어느 날, 나는 일부러 '음'으로 서류를 작성하여 결재를 받으러 갔습니다. 만년필을 든 캡틴의 손길이 서류로 향하는 순간 나는 재빨리 밭갈이를 말렸습니다. '습니다'는 오직 '습니다'로만 쓰는 말이라고 설명해 드렸습니다. '먹습니다', '죽습니다'를 '먹습', '죽습'으로 쓸 수 없고 '먹음', '죽음'으로 하는 까닭은 '먹다', '죽다'의 활용이기 때문이라고 예를 들어가며 말씀드렸지요. 캡틴은 내 주장이 타당한지 검토해 보겠다고 했습니다. 그러나 일부 국어 교사들조차 모호한 태도로 엉거주춤하는 바람에 '습'이 '음'으로 바로잡히기까지 일 년도 더 걸렸습니다. 그 일 이후에 나는 캡틴의 신임을 받게 되었지요.

형용사는 동사가 아니기 때문에 '하기'의 뜻을 지닌 '기'로 활용해서는 안 됩니다. 가령 '아름답다, 기쁘다, 더럽다, 시원하다'를 '아름답기, 기쁘기, 더럽기, 시원하기'로 쓸 수 없다는 말입니다. 기어이 써야겠다면 형용사를 동사 '아름답게 하다, 기쁘게 하다, 시원하게 하다'로 바꾼 다음 '아름답게 하기, 기쁘게 하기, 시원하게 하기'로 하면 되겠지요. 형용사 '바르다'도 마찬가집니다. '바르게 하기'로 쓰면 되지만 '바르기'는 말이 아닙니다. '바르게 하다'의 뜻을 가진 동사는 '바루다'입니다. 따라서 '바루기'가 안성맞춤입니다. 어느 잡지에 '바르기'가 불거져 나왔기에 고쳐달라고 엽서를 보냈더니 여러 달이 지나도록 가타부타 답이 없더니 슬그머니 바로잡아 놓았더군요.

'소암'이라는 우리말이 있었습니다. 80년대의 국어사전에는 '효

힘'의 속어로 올라있는데, 언제 사라져 버렸는지 알 수가 없습니다. 말은 시대에 따라 변천하니 언중이 쓰지 않는 말은 사라지는 것이 자연스러운 현상이겠지요. 그러나 '소암약방'도 있고 아직도 노인들이 자주 쓰는 말인데 누가 무슨 이유로 없애버렸는지 답답합니다. 부득이 폐기 처분 하더라도 사라진 낱말을 따로 관리하여 언제 어떤 사유로 폐기했노라고 설명을 해두어야 마땅하다고 생각합니다. 후세 사람들이 역사 자료나 문학작품 등의 서지에서 '소암'이라는 낱말을 만나게 되면 어디서 그 뜻을 찾아볼 수 있겠습니까.

"덥지 않을 정도로 온도가 알맞게 높다."
'따뜻하다'의 풀이입니다. 내가 국어사전을 얼마나 멀리해 왔는지 물어보는 듯하여 열없기만 합니다. '넙다, 춥다, 시원하다, 뜨겁다, 아프다, 고맙다'라는 낱말을 늘 쓰고 있지만 나는 단 한 번도 국어사전에서 그 뜻을 찾아본 적이 없었습니다. 너무나 잘 알고 있는 말이라고 생각했는데 막상 어느 것 하나 변변히 설명할 수가 없다는 사실에 흠칫했습니다. 한 번도 찾아서 새긴 적이 없는데 설명을 하지 못하는 게 당연하기도 합니다. 부끄러운 내 국어 이력입니다.

"그리 맵지도 않고 달달해서 좋았던 것 같아요."
달콤하다는 뜻으로 '달달하다'를 쓰는듯한데 국어사전에 없는 말입니다. 사전에 올리려고 해도 데려온 자식 같아 곤란할 것 같습니다. 요즘 사람들은 다들 배울 만큼 배웠을 터인데 무엇에 주눅이 들었는지 말에 자신감이 없습니다. 자기가 직접 경험했으면서도 남의 말 하듯 "맛있는 것 같아요", "좋았던 것 같아요"라고 합니다. 자신의 감정조차 제대로 표현하지 못하는 것을 '겸손'이라고 얼버무려서는 안 되겠지요.

"그 잔잔한 물결 위에."
 문인들의 글에서도 이따금 '달 밝은 그믐밤'과 마주칩니다. 그런가 하면 "전 해상에서 물결은 잔잔하게 일겠습니다"라는 일기예보도 종종 듣게 됩니다. 바람이나 물결 따위가 가라앉아 잠잠한 상태를 가리켜 '잔잔하다'라고 합니다. 잔물결도 없는 조용한 상태지요. 그러므로 '잔잔한 물결'이라든지 "물결이 잔잔하게 일겠다"라는 말은 성립할 수가 없습니다. '거울처럼 잔잔한 바다'에 답이 있습니다.

"훤한 불빛 아래 솜털 하나까지 드러나는 그의 얼굴."
 이 문장에 무슨 문제가 있느냐고 되묻는 사람도 있을성싶습니다. '훤하다'는 조금 흐릿하게 밝다는 뜻입니다. 동이 트는 광경을 상상하면 이해하기 쉽겠군요. 빛이 비치어 맑고 밝다는 의미를 지닌 '환하다'와 같은 말이 아닙니다.

"그 영화, 되게 재미있었어요."
 국어사전의 예문대로라면 전혀 이상하지 않은 문장입니다. 하지만 '되게'는 되우, 된통과 형제항렬로 '아주 몹시'라는 뜻으로 쓰입니다. 그런데 그 '몹시'가 "더할 수 없이 심하게"라는 부사임을 간과해서는 안 됩니다. 국어사전도 "몹시 추운 날씨/몹시 힘든 일/기분이 몹시 상하다/몹시 가난하다"라는 용례를 들고 있습니다. 따라서 국어사전이 '되게'의 용례로 보인 "사람이 되게 좋다/저 집은 되게 잘 산다"라는 문장은 앞뒤가 맞지 않는다고 생각합니다. "되게 시건방지다/되게 잘난척한다/되게 못생겼다"와 같이 부정적인 문장에 써야 제격입니다.

"내 몸에서는 아직도 연기 내가 나고 있었다."
'냇내'라는 맛깔스러운 우리말을 모르다 보니 어색하게 '연기 내'라고 표현하고 있습니다. '쳇다리'라고 하면 그만인데 그 모양을 장황하게 설명하고 있는 글을 본 적도 있습니다. 문인의 무기는 어휘이니 언어의 숲을 풍성하게 가꾸는 노력을 게을리해서는 안 될 것입니다. 남들이 쓰니까 생각도 없이 따라 하거나, 대충 뜻만 통하면 된다는 식으로 아무렇게나 말을 하는 까닭은 국어에 대한 관심이 부족하고 국어사전을 멀리하기 때문입니다. 신발이라고 다 같은 신발이 아닙니다. 등산할 때엔 등산화를 신어야 하고 군인은 전투화를 신어야 하듯 어휘도 적재적소가 있습니다. 국민의 언어생활에 지대한 영향을 끼치는 언론인이나 문인들부터 자신들의 뒤를 돌아보아야 합니다.

구겨진 이만 원

　오월의 물냉면이 이른 여름을 손짓한다. 먹다 보니 물냉면보다 천 원 더 비싸다는 비빔냉면이 눈에 들어왔다. 동료가 계산하기로 했으니 이왕이면 비빔을 주문할 걸 그랬다. 자판기 커피로 입가심을 하고선 화장실을 찾았다. 멍텅구리 좌변기에 앉아 힘줄을 세우다가 한 손으로 휴지를 더듬었다. 살집은 간데없고 뼈다귀만 굴렁쇠가 되어 내 손을 외면한다. 화장지가 없다니! 그런 낭패가 없다.

　돌발 사태를 해결하는 길은 아무런 종이 쪼가리뿐이었다. 나는 담배도 피우지 않고 껌도 싫어하니 내 몸에선 그 흔한 은박지 조각 하나 나오지 않았다. 지갑을 열었다. 어제 챙겨 넣은 5만 원권 넉 장뿐이다. 그 흔한 카드결제 영수증 한 장 들어있지 않았다. 아무려면 신사임당의 영정을 더럽힐 수는 없는 노릇이었다. 뒷면의 월매와 풍죽의 고고한 자태도 범할 수 없었다. 핑계가 그럴싸할 뿐 밑씻개로 쓰기엔 너무 아까운 나머지다. 사실 내겐 1천 원짜리 지폐로 뒤처리를 한 해묵은 경험이 있다. 한데, 오늘 나는 왜 일만 원에 사 입은 팬티를 휴지 대용으로 쓸 묘수를 생각해 내지 못했을까. 그때, 미련한 머리에 전기가 들어왔다. 두 칸의 화장실 중 옆 칸은 비어있었는데 '남녀 공용'이라는 표지가 떠오른 것이다. 나는 바지도 올리지 못한 채 엉거주춤한 모양새로 재빨리 옆 칸으로 들어갔다. 풍성한 두루마리 화장지가 웃고 있었다. 나는 긴 한숨을 토하며 물신(物神) 두루마리 화장지에 머리를 조아렸다.

몇 해 전의 여름, 나는 공원에서 친구를 만났었다. 벤치에 앉은 지 얼마 지나지 않아 친구는 안절부절못하며 주변을 두리번거렸다. 소피가 급하다고 했다. 그 공원에는 화장실이 없었다. 친구는 사철나무 울 근처의 구석진 곳으로 종종걸음을 쳤다. 느긋한 표정으로 돌아온 그의 손에는 꾸깃꾸깃한 만 원짜리 두 장이 들려있었다. 소피를 보다가 횡재를 했다는 것이었다. 적어도 한 달 전쯤에 누군가가 밑씻개로 사용한 것 같다고 했다. 그러고 보니 지폐는 약간 누릇한 얼룩이 져 있었다. 꺼림칙하긴 했지만, 냄새 같은 건 없었다. 친구는 부근의 편의점에서 그 2만 원을 냉커피며 빵과 과자로 바꿔왔다. 기분이 묘했다. 지금 짐작해 보니, 만 원짜리 두 장으로 뒤처리를 한 사람은 꽤 비싼 팬티를 입고 있었던 모양이다.

나는 매일같이 삼시 세끼를 입안에 들여보내고 나면 칫솔을 집어 든다. 입으로 들여보내는 것은 깨끗하여 종종 입안 소제를 건너뛰어도 별 탈이 없지만 내보내는 변은 더러워서 반드시 밑을 씻어야 한다. 변을 보고 나서 뒤처리를 하지 않는 사람은 없다. 제 손으로 못하면 다른 사람이 꼭 처리해 준다. 하나, 배설물보다 더 더러운 것은 입에서 나온다. 입에서 나온 것은 더러움에 더하여 악하기까지 하다. 나는 평생에 수없이 악하고 더러운 말을 입 밖으로 내보내면서 입을 잘 씻지 않았다. 입을 씻을 냅킨을 마련하지 못한 탓이었다. 절제 없이 내 입에서 쏟아져 나온 욕설과 폭언, 멸시와 매도는 사라지지 않고 누군가의 상처로 남고 원한으로 새겨진다는 걸 나는 절실히 깨닫지 못했었다. 세 치 혀끝에 죽을 말이 들어있는데도 나는 내가 쏟아낸 말의 정당함을 내세우며 억지를 부려왔다. 손을 씻기도 어렵지만 입을 씻기는 더욱 어려운 것 같다. 악하고 더러운 말이 나오지 않는 입이라면 굳이 씻지 않아도 좋을 터인데 말이다.

너무너무 감사드려요

고맙습니다.
감사합니다.
심심한 사의를 표하는 바입니다.

초등학생, 청년, 노회한 정치가가 한 말이다. 똑같은 인사말인데도 학력이 높을수록, 세상 경험이 많을수록 말을 어렵게 부린다. 사람들은 법규와 약관을 이해하기 위해 돈을 들인다. 아니, 돈을 드린다. 거리에 나가 교양 있어 보이는 사람들한테 금치산자와 한정 치산자를 물어보면 과연 제대로 답하는 사람이 몇이나 될까. 석유 1배럴은 몇 리터이며 금 1온스는 몇 그램인가? 오늘도 골프공은 '야드'로만 날아가고 법을 만들어 미터법을 강제하는 위정자들은 '원형지 3.3제곱미터당 얼마'라 말하고 있다. 3.3제곱미터가 바로 한 평이니 '눈 가리고 아웅'이 따로 없다. '원형지'도 거슬린다. 세월만 흘러갈 뿐 '말의 민주화'는 여전히 제자리에서 맴을 돈다.

은쟁반에 옥구슬을 굴리면 어떤 소리가 날까? '꾀꼬리같이 아름다운 목소리'라 하기에 꾀꼬리 노랫소리를 들어보았느냐고 했더니 꾀꼬리가 황조(黃鳥)인 줄도 모르고 있다. 그의 목소리는 천사의 음성 같았으며 그의 얼굴은 바로 천사의 모습이었다고 하기에 꿈속에서라도 천사를 만난 적이 있었는지, 천사란 과연 그런 존재인지 물으니 묵묵부답이다.

"6·25전쟁 때 북한군 탱크가 지나가는 소리 같았어요."

열서너 살 되어 보이는 소녀가 한 말이다. 아이티 지진 참사 현장을 목격한 기자들의 일성은 '아비규환(阿鼻叫喚)'이었다. 그들은 책에 기록된 아비지옥과 규환지옥을 떠올렸을까. 부디 간접경험이라도 꺼내서 말을 하고 글을 쓰면 좋겠다. 글을 쓰는 사람이 자신을 속이고 독자를 속이면 끝장이다.

김장을 담았다거나 담궜다고 하는 사람더러 무식하다 핀잔을 하면서 정작 자신은 '김장 담그기'가 바르다며 우쭐거린다. 겨우내 먹기 위하여 김치를 한꺼번에 많이 담그는 일이 '김장'이고 또 그렇게 담근 김치를 가리켜 '김장'이라 하니 어느 경우에도 '김장 담그기'는 옳지 않다. '역전 앞'을 비웃는 사람이 '맡은 바 소임(所任)'을 천연덕스럽게 말하고 '폭설 피해방지에 대한 대책'을 강조하면서도 부끄러운 줄 모른다.

쌀을 익혀 삭히면 식혜도 되고 막걸리도 되지만, 분(憤)을 삭히면 가루(粉)가 되고 기침을 삭히면 하품이 되는지 궁금하다. 고기를 썩히면 먹을 수 없게 되고 일감이 없어 기계를 썩히면 녹이 스는데 자식이 속을 썩히면 그 속은 어떻게 되는지 알다가도 모르겠다. 글을 쓰는 이들도 이런 잘못을 되풀이한다.

좋아하고 슬퍼하고 미워하면 그만인데 굳이 좋아해 하고 슬퍼해 하고 미워해 하면서 그게 더 지적이며 고상한 표현이라고 착각하며 살아간다. '우리 집에 들린다더니 그냥 갔느냐'는 배우의 대사는 정확했을 터이니 작가를 나무랄밖에 도리가 없다.

햇빛이 들자 장미꽃이 눈부시게 빛나는데도 빚이 많은 그는 걱정이 태산이라는 말을 제대로 발음하는 사람을 찾아보기 어렵다. 끝내 '햅삐시' 들고, '장미꼬시' 눈부시고, '비시' 많아 걱정이라고 우긴다.

안절부절못해야 될 터인데 안절부절했었다니 말문이 막힌다. '살해'와 '피살'을 모르는 사람이 있으랴만 죽은 한 사람을 두고 살해당한 자라 하고, 피살당한 자라고도 하니 어안이 벙벙하다. 우리 국어생활의 현실이다. 내로라하는 우리말 실력자들 가운데 '시옷(ㅅ)'을 '시읏'이라 말하는 이가 적지 않다. 더구나 텔레비전 방송에 나와 사회자와 나누는 대화는 대체로 국어의 생활화와 동떨어져 있다. '화이팅'은 다반사요, 문제를 내면 '틀리다'와 '다르다'를 잘 구별하면서도 오가는 대화에선 딴판이다. 담배를 피면 건강에 해로운지, 피우면 해로운지 헷갈리니 금연하기도 쉽지 않은가 보다. 어느 월간 문학지를 훑어보았더니 오탈자와 맥이 통하지 않는 문장들이 가히 '자갈밭'이었다.

한때 순우리말을 살려 쓰자며 오래된 무덤을 파헤쳐 미르와 즈믄의 미라를 꺼내오더니 백골마저 진토가 되어버린 옛말들을 닥치는 대로 그러모아선 살려 쓰자 떼를 쓴다. 말은 시대의 흐름에 따라 자연스럽게 명멸하는 생명체일진대 영정 사진이 곱다 하여 무턱대고

관 뚜껑을 열어서는 안 된다. 숨이 붙어있어 회생 가능한 토박이말을 살려낼 노릇이지 죽은 아이 고추를 만지고 있어선 곤란하다. 부관참시일 뿐이다.

"너무너무 감사드려요."

일정한 정도나 한계에 지나치다는 뜻으로 쓰이는 부사가 '너무'이니 자신의 의지나 통제를 벗어난 경우에 써야 한다. 너무 춥다거나 너무 먹었다고 하면 자연스럽지만, 자신이 의도적으로 하는 행위를 수식하는 데에 쓰면 말이 되지 않는다. 연말이면 방송가에는 으레 "너무너무 감사드립니다"라는 타령이 차고 넘친다. "너무너무 고맙습니다"라고 하면 어디에 덧이 나는가 보다. '엣지 있게'라는 되잖은 신조어를 남발하기에 앞서 다들 우리말의 기초부터 다졌으면 좋겠다. '행가래'는 용서가 되나 달력을 'calender'라 쓰면 무식쟁이가 되어버리는 세상이 되어서는 안 된다.

건망증을 위하여

　건망증이 심해져 간다. 멋쩍고 열없고 화가 나기도 한다. 해맑은 꽃무리가 흐드러진 가로변의 생울타리를 지나치며 눈을 굴리다가 농장에 도착할 때까지 십 분이 넘도록 머리를 쥐어짜도 '꽃댕강나무'는 떠오르지 않았다. 가을감자 재배법을 검색하려고 컴퓨터를 켰다가 인기 검색어 1위 사건이 궁금하여 한눈을 팔다 보니 무엇을 찾으려고 컴퓨터 앞에 앉게 되었는지 생각나지 않는다. 착실하게 메모를 해두어도 별무소용이다. 메모해 둔 사실조차 잊어버린다.
　국민교육헌장을 가장 먼저 외우곤 나 홀로 의기양양하게 교실을 나서던 초등학교 시절의 비상한 기억력은 어디로 사라진 것일까. 겨울방학을 이용하여 3천 한자를 틀림없이 외워 썼던 산뜻한 두뇌는 간 곳이 없다.
　오늘 아침에도 약을 먹었는지 안 먹었는지 헷갈린다. 혼잣말로 투덜거리는 소리를 들은 아내가, 대체 무얼 믿고 약봉지에 일일이 날짜를 적어두지 않았느냐며 부아를 지른다. 자칫 과다복용의 부작용이 있을지도 모르니 그런 날은 아예 먹은 셈 치고 넘어간다. 화장실 불을 끄지 않았다고 아내에게 또 잔소리를 들었다. 저놈의 잔소리에 주니가 나서 마음을 다져도 별무신통이다. 실은 아내도 나와 도긴개긴이지만 나는 아내의 건망증을 모른체한다. 얼마 전에 아내는 버스에 핸드폰을 두고 내렸다. 아내의 핸드폰에 수없이 전화를 걸고 문자를 보냈으나 응답이 없었다. 버스 기사를 수소문하여 달려가 보았지만 헛일이었다. 아내의 모든 연락처는 오직 분실한 핸드폰 안에만 들어 있었다. 그나마 내가 핸드폰을 잃어버리지 않은 게 다행이었다. 나는 따로 전화번호 수첩을 관리하고 있다.

달력 덕은 보고 산다. 결혼식 날이나 이런저런 모임 날은 매직펜으로 날짜에 동그라미를 치고 시간과 장소 따위를 적어서 날마다 눈을 마주치니 실수가 거의 없다. 요즘엔 모임을 이끌어가는 회장이나 총무들이 두세 번 반복하여 문자 메시지를 보내주기도 한다.

머리에 새겨둘 것이 별로 없다. 꼭 기억해야 할 전화번호건 주소건 다 핸드폰에 저장되어 있어 따로 외워둘 일이 없는 것이다. 겨우 아내 핸드폰 번호를 외울 뿐, 아들이고 며느리고 다 핸드폰 속에 들어 있다. 핸드폰을 꺼내 계산기만 두드리면 되니 머리를 쓸 필요가 없다. 건망증이 깊어질 수밖에 없는 편리한 세상이다.

거금 오만 원을 빌려 간 친구에게 조심스레 독촉장을 보여줬더니, 그 돈 갚은 지가 아득한 옛날인데 자다가 봉창 두드린다며 몹시도 화를 낸다. 잊어버리기가 말처럼 쉽지 않지만 오만 원에 친구를 버릴 순 없다. 지난달 회비를 틀림없이 냈는데 문서가 말을 하지 입이 말을 하느냐며 총무가 여럿 앞에서 면박을 준다. 그때의 정황으로 변명을 해봤지만, 쇠귀에 경 읽는 내 입만 아팠다. 억울해도 하소연을 할 데 없으니 속히 잊는 수밖에는 묘수가 없겠다. 그들의 억지가 건망증인지 망각인지 헤아리기 어렵다. 화사한 웃음으로 내 손을 잡고 건강을 염려해 주던 사람이 나를 함정에 빠뜨리려고 뒤에서 호박씨를 서 말이나 까고 있었다. 나도 화사한 얼굴을 하고 호박씨 두어 됫박 보내며 잊자고 했다. 그러나 아무리 기를 쓰며 잊으려 해도 용서를 청하며 잊어달란 그 한마디가 오기 전에는 가슴 속 응어리를 녹일 수 없다. 어쩌면 상대가 용서를 빌지 않는데 잊으려 하는 건 '건망증'을 욕보이는 불순한 생각이다.

암탉의 건망증은 암탉만 모른다. 멍석에 널어놓은 나락을 헤치다가 간짓대로 얻어맞아 혼비백산, 암탉 살려! 비명이 마당을 돌고 있는데도 그새 돌아와 또 간짓대에 내쫓기는 꼴이라니. 청천벽력 손뼉에 구사일생한 모기가 다시금 대드는 건 건망증이 아니라 죽음을 불사하고 피를 빨아 종족을 번식해야 할 절대적 사명 때문이겠지만, 암탉의 건망증은 '불가사의' 자체이다. 그러나 백성의 건망증은 족탈불급이다. 전대미문의 사건이 터지거나 큰 사고가 발생하면 개구리 떼처럼 와글대다가 하루해가 지기도 전에, 무슨 일 있었어? 딴전을 본다. 그러다가 또 일이 터지면 똑같은 톤으로 와글거린다. 백성의 중구난방은 집단적 건망증으로 새고 저문다. 백성의 건망증을 그 백성만 모른다.

'건망증(健忘症)'은 기억해야 할 무엇을 '잘' 잊어버리는 증세이다. 버릇으로 자주 잊어버린다는 뜻이다. 버릇으로 자주 잊어버리지 말고 잊을 것만 '잘' 잊자. "깜빡했네"로 건망증을 모함하며 속을 보이지 말고 이 밤, '좋은 건망증'을 위하여 건배!

넘보라살

"넘보라살이 뭐야?"

무지개의 일곱 빛깔이 '빨주노초파남보'라는 것쯤이야 삼척동자도 알지만, 해님은 눈에 보이지 않는 두 가지 빛을 더 가지고 있다. 바로 자외선과 적외선이다. 자외선(紫外線)은 보랏빛 바깥의 햇살이고, 적외선(赤外線)은 빨간빛 바깥에 있는 햇살이라는 말이다. 자외선의 순우리말은 넘보라살이고 적외선의 순우리말은 넘빨강살인데 보라살(보랏빛 햇살) 너머의 햇살, 빨강살(빨간빛 햇살) 너머의 햇살이라는 뜻이다. 음미할수록 고소한 맛이 나는 순우리말인데, 곧 숨이 끊어질 지경이다.

전방급 신물언아사(戰方急 愼勿言我死)
싸움이 급하니 나의 죽음을 적에게 알리지 말라

나는 이 문구를 대할 때마다 말문이 막히며 답답해진다. 1598년 12월 16일의 노량해전. 장군께서 왜군의 총탄에 맞아 운명하기 직전에 "전방급 신물언아사"라고 했을 리 없건만, 오직 한자만 고집했던 사대부와 벼슬아치들이 지어낸 괴물이다. 여담이지만 나의 죽음을 적에게 알리지 말라는 해석이 아리송하다. 저 한문 어디에 '적에게'라는 말이 있는가? 세상에 어떤 어리석은 장졸이 있어 치열한 전투 중에 자기네 지휘관의 죽음을 적에게 알리겠는가. 실로 엉터리 해석이다. 아군에게 알리지 말라는 당부라고 해석해야 자연스럽다.

"싸움이 급하니 내 죽음을 알리지 마라."

좀 더 사실적으로 구성해 보면, "전세가 급박하니 내가 죽었다는 말을 하지 마라"가 되겠다.

나는 아직도 교과서 마지막 쪽 네모 안에 적혀있던 '되박아펴낸이: 국정교과서주식회사'라는 문구를 생생히 기억하고 있다. 초등학교 4학년 때였을 것이다. 군이 토를 달자면, '재판 발행자'쯤으로 풀이하면 무난할 듯하다. 고무나 플라스틱, 양은 따위로 만든 큰 대야 같은 그릇을 부르는 국민 용어는 '다라' 또는 '다라이'이다. 다들 스스럼없이 '다라'나 '다라이'를 쓰지만, 일본말이래서 답답했는데 최근 국어사전에 모습을 드러냈다. 귀동냥으로 들은 바로는 '다라이'는 본시 우리말이었다고 한다. 이제 '다라이'를 마음 놓고 쓸 수 있어 한숨 돌리게 되었다.

서양에서 들어온 목초 오처드그라스가 우리말 '오리새'로 정착했다. 외국어라고 해서 무조건 배척할 게 아니라 상황에 맞게 우리말로 받아들여야 국어가 풍성해져 국민의 언어생활이 편해질 터이다. '기수역'도 자주 쓰는 말이다.

우연히 %의 우리말을 발견하곤 깜짝 놀란 적이 있다. 바로 '쌍방울 표'이다. 얼마나 깜찍한 우리말인가. 그러나 특히 의학계에서는 순우리말을 처절하리만큼 배척하고 있다. 순우리말을 아끼는 나로서는 안타깝기 그지없다. 내가 아는 몇 가지 순우리말 용어는 이제 그 흔적조차 찾기 어려워졌다. 소년 시절의 기억을 더듬어보았다.

실핏줄/모세혈관, 피톨/혈구, 흰피톨/백혈구, 붉은피톨/적혈구, 피본/혈액형, 피돌기/혈액순환, 미주알/항문괄약근, 지라/비장, 이자/췌장, 염통/심장, 큰창자/대장, 작은창자/소장, 허파/폐, 콩팥/신장, 가로막/횡격막, 고름/농, 가슴/흉부, 배/복부, 등뼈/척추, 갈비뼈/늑골, 고뿔/감기, 쓸개/담낭, 눈구멍/안와, 눈알/안구, 목구멍/인후, 겨드랑이/액와, 입안/구강, 콧속/비강, 가슴속/흉강, 뱃속/복강, 아랫배/하복부, 넓적다리/대퇴부, 살갗/피부, 사타구니/서혜부, 발바닥/족저, 무릎마디/슬관절, 머리뼈/두개골, 이/치아, 힘줄/건···

국어의 9품사를 순우리말로 소개해 본다. 국어의 품사는 체언, 용언, 수식언, 독립언, 관계언으로 구분한다.

- 체언(임자말): 명사(이름씨), 대명사(대이름씨), 수사(셈씨)
- 용언(풀이씨): 동사(움직씨), 형용사(그림씨)
- 수식언(꾸밈씨): 부사(어찌씨), 관형사(매김씨)
- 독립언(홀로씨): 감탄사(느낌씨)

- 관계언(걸림씨): 조사(토씨)

참고로, 영어의 8품사는 명사, 대명사, 동사, 형용사, 부사, 접속사, 전치사, 감탄사이다. 영어의 형용사는 국어의 형용사와 달리 서술어로 쓰이지 못한다. 가령 국어의 '행복하다'라는 형용사는 서술어이기 때문에 "나는 행복하다"가 성립되지만, 영어의 형용사는 '행복한'이므로 서술어로 쓰지 못한다. 영어의 형용사는 국어의 관형어와 가깝다.

'구제역(口蹄疫)'은 대체 무슨 뜻인가? 입과 발굽에 생기는 전염병이라는 말인데, 발굽이 둘로 갈라진 동물, 즉 우제류인 소, 돼지, 염소, 사슴, 노루, 기린, 낙타, 하마 따위의 동물의 입과 발굽에 물집이 생겨 허는 전염병이다. 따라서 발굽이 갈라지지 않은 기제류 동물인 말, 얼룩말은 구제역에 걸리지 않는다. 구제역의 순우리말은 '입굽병'이다. 요즘 곳곳의 소나무가 소나무재선충병으로 죽어가고 있다. '소나무재선충(材線蟲)'이란 소나무, 잣나무를 갉아먹어 죽게 만드는 선충(길이 1mm쯤 되는 실 모양의 벌레)이다. 국어에서 한자어가 차지하는 비중은 70%에 달하는데 해가 갈수록 순우리말의 자리가 좁아지고 있어 안타깝다.

순우리말 지명은 대부분 소멸되었다. 내가 아는 우리 지역 지명인 달안이(월내), 달아골(월하), 두레기(두암), 터앞(기전), 가무내(현천), 곰쳉이(웅천), 텃골(기동), 용기미(용혈), 구슬바구(주암), 소제(소지개), 솔고개(송현), 솔곶이(송소), 개미실=갬실(의곡), 함구미(황금리), 당머리(당두), 오만이(오천), 세동(덕양), 나지개(나진), 진밭(장전), 진섬(장도), 꼬막등(고막), 뽈록산(첨산), 올미(오산), 거무골(주동), 꽃밭젱이(화전), 게머리(해산), 소트내(소치), 돌정지(석정), 지름머리(유두), 소리도(연도) 등이 자취를 감추었다.

선거철이 가까워지니 일부 정치인들의 야릇한 행보가 사람 벙찌게 만든다.

'벙찌다'는 국어사전에 없지만 요즈음 유행을 타고 있다. "어떤 상황이 당황스럽거나 황당하여 얼빠진 사람처럼 멍해지다"라는 의미이다.

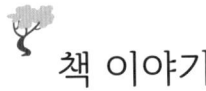 책 이야기

  '돌가루포대'를 잘라 돗바늘로 기워 만든 공책. 몽당연필에 침을 묻혀가며 괴발개발 써보다가 처음으로 받아 든 초등학교 일학년 교과서의 낯선 잉크 냄새를 나는 잊지 못한다.
  도서관에 근무하면서 수도 없는 책의 위세에 주눅이 들어 처음의 기대와는 달리 세월만 죽이고 말았다. 《話典(화전)》이라는 두꺼운 책에는 재미있는 이야기와 고사가 실려 있어 그 책 한 권만 떼어도 이야기꾼으로 손색이 없을듯했다. 장로교의 비조 칼뱅(Calvin)은 방대한 분량의 성경주석을 저술했으나 신약성경의 마지막 예언서 요한계시록에 대한 해석은 시도하지 못했다. 나는 한동안 그의 성경주석에 관심을 기울였는데 그 일은 결국 절대자의 예언을 사람의 지식과 생각으로 예단하고 해석한다는 것이 얼마나 위험하고 그릇된 일인지 확인하는 계기가 되었다.
  형식상 49페이지 이상의 분량과 표지를 따로 갖추고 있어야 '책'이다. 지난 50년 동안 가장 많이 출판된 책은 성경으로, 39억 권에 달한다고 한다. 그러나 나는 그 많은 성경 가운데 과연 몇 권이나 끝까지 읽혔을까 하는 회의를 떨쳐내지 못한다.

나이에 반비례하여 나는 점점 더 책을 읽지 않는다. 우리나라 성인 한 사람이 1년에 고작 아홉 권의 책을 읽는다. 그러면서도 사람들은 책깨나 읽은 듯 행세를 한다. 나도 매한가지이나 신·구약 66권의 성경 중 어느 한 권 변변히 읽어본 적도 없는 사람이 기독교 운운하며 혈압을 올리는 모양을 대하노라면 입안이 씁쓸해진다. 나는 감연히 물음을 던진다. 당신은 이슬람교를 아는가? 이슬람의 경전《꾸란(코란)》을 읽어본 적이 있는가? 사람들은 자기 자신도 잘 알지 못하는 것으로 다른 사람을 판단하고 상식이랄 것도 없는 '접시 물보다 얕은 지식'으로 자신과 다른 세계를 재단하고 비판한다. 부실한 독서의 결과라는 생각을 떨칠 수 없다.

이미 발표된 논문으로 말미암아 새로운 논문이 태어나듯 나는 날마다 쏟아져 나오는 책들의 모태는 대부분 먼저 출간된 책들이라고 생각한다. 유사 이래 인류는 그렇게 지식 위에 지식을 더하고 철학과 사유의 공간을 확장해 온 것이다.

단순한 철자법의 오류는 의관을 정제하지 못한 사람의 형상에 비유할 수 있지만 진리의 오해와 잘못된 지식의 기록은 오염된 음료와 같아서 많은 사람이 해를 입을 수 있다. 나는 기독교적 금욕주의로 인해 사랑을 이루지 못한 알리사와 그의 사촌 제롬의 이야기를 그린 《좁은 문》이 성경을 크게 오해한 작품이라고 생각한다.

썰물과 밀물의 관계를 잘못 설명하고 있는 책의 출판사에 연락했더니 이미 팔려나간 책을 회수할 방법이 없다며 꽁무니를 뺐다. '안강망'을 아귀 잡는 그물이라고 잘못 소개한 책도 있었다. '안강(鮟鱇)'

이 아귀이니 안강망은 아귀 잡는 그물이겠거니 하고 넘겨짚은 모양이다. 세상에 민낯을 드러낸 책은 역사가 되어 인류의 문화유산으로 보존된다. 그러므로 책을 낸다는 것은 얼마나 두렵고 떨리는 일인가.

　요즘은 출판이 손쉬워지고 비용도 크게 부담스럽지 않아선지 책을 내는 이들이 눈에 띄게 늘어나고 있다. 개성을 중시하는 시대의 조류에 따라 자신의 이야기를 하고 싶은 까닭이다. 그야말로 책의 홍수기가 도래한 셈이다. 그러나 책은 해가 갈수록 설 자리를 잃어가고 있다. 동네 서점들이 사라진 지는 오래되었고 이름난 대형 서점들마저 속속 문을 닫고 있다. 소규모 출판사들은 살아남기 위해 그 옛날 '동동구리무장수'처럼 대표 혼자서 북 치고 장구 치고 하모니카를 불고 있다. 풍요 속의 빈곤은 스러져가는 독서 인구가 빚어낸 참극이다. 수많은 책이 독자와 눈 한 번 맞춰보지 못한 채 절명하여 쓰레기장에 버려진다. 책은 문자로 적혀있건만 이 시대는 책을 외면하고 그 문자가 오히려 음성언어를 대체하는 기이하고 아리송한 오늘이다.

　세상에 나온 책들은 인간의 지식과 사유의 산물이기에 완벽하지 못하다. 선한 이는 오직 알파와 오메가인 창조주밖에 없으니 인간이 정의하고 주장하는 선은 헛된 것일 수도, 때로는 악일 수도 있다. 사람은 아무리 애를 써도 원초적 의문을 풀지 못하기 때문에 그 갈증으로 말미암아 책은 쉴 새 없이 쏟아져 나온다. 이 책이 저 책을 낳고, 지식이 지식을 잉태하나 아무리 먹고 마셔도 갈하고 주린 까닭은 그 가운데 완전한 음료와 양식이 없는 연고이다.

　책 속의 글은 세상을 밝히는 빛이어야 하며〔文明〕 알에서 깨어나야 한다〔文化〕. 그러나 세상의 서책은 가물거리는 촛불이요 마침내 뇌사자의 숨결이다. 그러므로 나는 책(策)을 부리다가 책(柵)에 갇힌 책(冊)을 책(責)하며 피곤해진다.

 불신

어머니 장례를 마친 직후, 이제나저제나 하며 굶고 있을 개들이 생각나 농장으로 달려가는 길이었다. 갑자기 졸음이 엄습했지만, 농장까지 얼마 남지 않은 터라 참아보기로 했다. 그러나 졸음은 번개처럼 내 의지를 떠나버렸다. 깜짝 놀랐을 땐 이미 늦었다. 내 차가 중앙선을 범하고 있다는 사실을 알아차리는 순간, '턱' 하는 소리가 심장을 때리고 지나갔다. 갓길에 차를 세우고 확인해 보니 운전석 쪽의 사이드미러가 접혀있었다. 저 건너편에 멈춰선 피해 차로 다가갔다. 내 차의 사이드미러가 스쳐서 생긴 옅은 자국을 찾을 수 있었다. 정말이지 그만하기 다행이었다. 그들은 오히려 나더러 운이 좋았다고 했다. 내 차가 중앙선을 슬슬 침범해 들어오는 것을 발견하고 핸들을 꺾었기에 큰 사고를 면했다는 것이었다. 나는 내 실수를 자인하며 사과했다.

그런데 피해를 본 차주가 보험 처리를 꺼리는 눈치를 보였다. 동승한 세 명의 남자도 '적당히' 해결하기를 바라는 투였다. 나는 그들의 의도를 지레짐작하고 불순하다 여기며 보험사에 사고 신고를 했다. 그러자 피해 차주는, 자기는 먼저 갈 테니 보험사에서 나오면 알아서 처리하라고 한다. 나는 그런 방식이 있는 줄 몰라 확신을 할 수 없는 데다 보험사 직원이 현장에 도착하는 데 10분밖에 걸리지 않는다 하니 함께 기다리자고 주장했다. 이윽고 보험사 직원이 도착하여 간단히 조사를 마쳤다. 그때에도 피해 차주는 보험 처리를 하지 말고 당사자끼리 해결하자고 했다. 나는 자꾸만 그의 제안이 수상해져 동의할 수 없었다. 결국, 보험으로 처리하기로 합의하고 헤어졌다. 나는 피해 차주에게 다시 한번 정중히 사과하며 머리를 숙였다.

하루가 지나자, 보험사 직원한테서 전화가 왔다. 피해 차주가 보험 처리를 저어하며 가해자인 나와 통화하기를 원한다는 전언이었다. '그러면 그렇지, 포기할 사람이 아니라니까.' 내 불신은 점점 깊어져 그에게 전화를 하지 않았다. 보험사 직원의 거듭된 권면도 묵살해 버렸다. 조용히 이틀이 지나갔다. 보험사에서 연락이 왔다. 보험 처리는 여차저차하다며 다음 보험 계약 때 보험료가 할증될 수도 있다는 토를 달았다.

그 한 시간 후에 아들한테서 전화가 걸려 왔다. 피해자가 어떻게 알았는지 차량 소유자에게 연락을 해왔다는 것이다. 차는 아들 명의이니 나는 가족 운전자이다. 나와는 이야기가 되지 않는다고 판단한 모양이었다. 그냥 없던 일로 처리하려고 전화를 부탁했던 것인데 내가 연락을 하지 않아 아주 언짢고 괘씸하여 차를 정비 공장에 맡겨 대수리를 하고 차량 렌트를 하여 뜨거운 맛을 보여줄까도 생각했다는 피해자의 심정을 전해주었다. 마음이 바뀌는 것도 피해자의 권리라는 아들의 지르기에 말문이 막히고 말았다. 나 대신 아들이 사정하여 결국 '없던 일'이 되었다고 한다. 비록 피해가 경미하다 할지라도 누구나 '없던 일'로 해주기는 쉽지 않을 거라는 생각에 이르자, 변명의 여지조차 없어졌다.

아들이 피해자의 연락처를 보내왔다. 통화하기가 무엇하여 문자로 사과했다.

"사장님, 며칠 전 사고 낸 아무개입니다. 당시 모친 초상을 치르고 경황이 없어 여러모로 결례가 많았습니다. 널리 양해해 주셨으면 합니다. 아들한테 호되게 당하고 보니 더욱 송구합니다. 거듭 제 불찰을 사과드립니다."

불과 2분 만에 회답이 왔다.

"세상에는 나쁜 사람보다는 좋은 사람이 더 많습니다. 선생님으로 인해 조심스럽게 안전 운전 해서 저희도 무사히 도착했구요. 조금씩 뒤돌아보면서 여유를 갖고 생각하고 생활하기를 서로가 노력합시다. 마음고생하셨습니다. 저로 인해 불편하신 점이 있었다면 이해해 주시기 바랍니다. 건강하세요."

세상살이 한 수 배운 사건이었다. 세상에는 나쁜 사람보다 좋은 사람이 더 많아 보인 하루였다.

 부드러운 고기

'쉽다, 어렵다, 춥다, 덥다, 시원하다, 예쁘다, 웃다'를 설명하라고 자문해 보니 답을 할 수가 없었다. '배고프다, 밉다, 피곤하다, 가볍다, 무겁다'도 마찬가지였다. 이문이야 따질 수 없겠지만 자주자주 갈아주는 친숙한 낱말인데 풀이가 막막하다. 지나온 길을 찬찬히 되짚어 보니 그런 단어들을 국어사전에서 찾아본 기억이 없다. 명색이 글을 쓴다는 내가 어휘를 손발처럼 부리기는커녕 '웃다'라는 낱말의 생김새조차 제대로 그려내지 못한다니 한심하다.

"덥지 않을 정도로 온도가 알맞게 높다."

이것이 '따뜻하다'의 국어사전 풀이다. 서당 개 삼 년이면 풍월을 읊는다는데 나는 왜 흉내조차 내지 못하는가? 서당 개는 밤낮으로 풍월을 들었으나 나는 한 번도 들어보지 못한 탓이다. 찾아 나서지 않았기에 듣지 못한 것이다.

국어사전을 탐험한다. 놀라움의 연속이다. 우리말을 새로 공부해야겠다는 다짐이 물결을 친다. 그러다가 일상에서 자주 쓰이는 어휘에 고개를 갸우뚱거린다. 그 집의 고기는 부드러워서 먹기 좋은데 이곳의 고기는 너무 질기다고 한다. 부드러운 고기와 질긴 고기는 서로 맞서는 말일까? 어떤 가죽이나 옷감은 부드러우면서도 질기고 어느 고기는 부드럽지도 않지만 질기지도 않다. 질기지 않아 쉽사리 끊어지는 밧줄을 '부드러운 밧줄'이라고 해야 할까? 감촉이 좋고 잘 씹히면 부드러운 고기이고 잘 씹히지 않으면 질긴 고기라고 표현하는 것은 과연 적절한가? '부드럽다'의 상대로는 '거칠다, 뻣뻣하다'가 어울릴 듯하다. 질긴 것이 대개 부드럽다. 이제부터 부드러운 고기는 그만 찾고 '연한 고기'를 주문할 일이다. 그렇다면 질기지 않고 쉽게 끊어진다는 뜻을 지닌 낱말은 무엇일까? '여리다'라는 단어는 썩 내키지 않는다. 마땅한 낱말이 없다면 여수 사람들이 자연스럽게 쓰고 있는 '철철하다'를 채용할 만하다.

"새끼줄이 썩었는지 철철하다."

머리를 자르려고 이발소에 간다. 머리를 잘라야 하는지 깎아야 하는지 쳐야 하는지 알쏭달쏭하다. 차라리 다듬어달라고 해야겠다.

국어사전은 두루뭉수리의 표본이다. 까다롭거나 어렵지 않은 것이 쉬운 것이고, 하기가 까다로워 힘에 겨운 것이 어려운 것이다. 조건 따위가 복잡하거나 엄격하여 다루기에 순탄하지 않은 것을 '까다롭다'라고 한다. 정도나 양이 지나쳐 참거나 견뎌내기 어려운 것을 가리켜 '겹다'라고 하니 갈수록 산이요 아랫돌 빼서 윗돌을 괴는 격이다. '까다롭다'를 정확히 알기 위해서는 다시 조건과 복잡과 엄격과 순탄을 탐구해야 하나 그러다 보면 어느덧 미궁 속을 헤매는 자신을 발견하게 된다. 어떤 낱말을 구체적으로 설명하려니 다른 낱말들을 들이대야겠지만 깊이 들어갈수록 그 설명이 어려워진다. 양파껍질을 한

겹 한 겹 벗기고 있는 느낌이다. 살해와 피살은 전혀 다른 말인데 국어사전은 '살해되다'와 '피살되다'를 똑같이 쓰라 한다.

"살해되다(사람이 해를 당해 죽다), 피살되다(죽임을 당하다)."

얼핏 다른 설명처럼 보이지만 같은 설명이다. 사람이 해를 당해 죽는 것이 곧 죽임을 당한 것이다. 우리나라 사람이 국내에서 우리 것을 우리 국민에게 이야기하면서 '한국인의 ○○'이니 '한국의 □□'라는 표현을 즐긴다. 이런 식의 표기는 외국에 홍보할 때에나 어울리겠다. '힐링'이라는 말이 눈에 거슬리는 판국에 정체불명의 '달달하다'에 입안이 떨떠름해진다. 음식 맛이 입에 달면 너나없이 '달달하다'를 내놓는다. 책을 냈는데 상재를 축하한다고 말한다. '상재'란 책 따위를 출판하기 위하여 인쇄에 부친다는 뜻이니 책이 나온 후의 축하로는 어울리지 않는다. 발자국은 발길이 남긴 자국인데 '발자국 소리'라고 해도 될까? 발자국 소리는 '발걸음 소리'라고 해야 옳겠다. 아직도 평양감사와 산수갑산, 절대절명과 풍지박산을 내세우는 사람이 많다. 내로라하는 우리말 실력자들이 '시옷(ㅅ)'을 '시읏'이니 '시웃'이니 한다. 멧돼지가 농부의 속을 썩힌다? 가을 전어가 입맛을 돋군다? 외갓집에 들렸다가? 귀에는 못이 박히고 손바닥과 발바닥에는 못이 박인다고 써야 되니 헷갈린다. "귀에 못이 박힌다"라는 말은 관용구라서 그대로 쓴다고 한다.

발음도 심각한 형편이다. '장미꽃을, 안개꽃이, 연꽃으로'를 '장미꼬슬, 안개꼬시, 연꼬스로'라고 말하고 '빚을, 빚이, 빚으로'를 '비슬, 비시, 비스로'라 하고 어떤 사람들은 '비츨, 비치, 비츠로'라고 하니 빚(채무)이 머리 빗는 빗과 밝은 빛으로 둔갑한다. '깨끗이'는 '깨끄치'로 변질되고 '담임선생님'은 아예 '다님선생님'이 되어버렸다. 그런데 맛있는 음식은 '마딛는 음식'일까, '마싣는 음식'일까? '멋있다'는 어떻게 발음해야 하는지 아리송하다.

　가끔 눈에 거슬리는 낱말 풀이에 대해 전문 기관에 건의했더니 친절한 회신과 함께 낱말의 풀이가 더러 바로잡힌 것을 확인하였다. 삘기, 튀하다, 물때, 배동바지, 가래떡, 멍석 따위의 풀이가 바루어졌다. 뿌듯하고 보람 있는 일이다. 우리말과 글을 알차게 가꾸는 일에 문인들이 더욱 나설 일이다.

배달 사고

 현관 우편함에서 가끔 다른 데로 배달되어야 할 우편물이 발견된다. 꼭 받아야 할 우편물이 엉뚱한 곳으로 배달되는 바람에 받지 못하면 곤란한 일이 생길지도 모른다. 그런 우편물은 배달부의 눈에 띄도록 따로 진열해 두지만 가까운 곳이면 내가 가져다 놓기도 한다.
 어느 작가의 글을 읽고 내 나름으로는 위트가 있다 싶은 댓글을 올린 적이 있었다. 홈페이지나 카페에 게재되는 작품에 댓글을 다는 일은 예의에 가까운 다반사가 되다 보니 답글을 확인하는 것도 버릇이 되었다. 그런데 며칠이 지나도 유독 내 글에만 답글이 달려있지 않았다. 좀 거시기한 기분이 들었지만 이내 잊어버렸다. 그러던 어느 저녁에 낯선 전화가 걸려 왔는데 목소리는 귀에 익었다. 내가 올린 댓글을 문제 삼아 따지려는 작가의 전화였다. 지금껏 그런 면박과 항의를 받아본 일이 없었기에 내심 당황스러웠지만 그의 이유를 듣고 나서 해명에 나섰다. 그러나 그는 결코 이해하려고 하지 않았다. 오히려 억지 변명이라며 언성을 높이는 것이었다. 모질게 따지고 드는 그의 질책에 더는 설득할 힘이 없어 죄송하다는 인사로 통화를 마쳤다. 위트 찾다가 오해만 불러들이게 된 대형 배달 사고였다.

작가의 부주의로 사실이 왜곡된 글이 발표되었다면 그 또한 중대한 배달 사고가 아닐 수 없다. 치명적인 배달 사고를 저지르고도 번대는 행위에 말을 잊었다. 꽤 명망 있는 사람이 낸 책을 읽다가 심각한 오류를 발견하곤 그에게 메일을 보냈더니 소 잡아먹은 귀신이 되었는지 일언반구도 없었다. 결국 독자를 기만한 배달 사고이다. 잘못된 물건을 배달했으면 당연히 새 제품으로 보내주든지 하여 바루어야 할 터인데 무슨 병이 들었는지 움직이지 않는다.

"그런 취지로 발언한 게 아니다. 와전된 것이다"라는 말은 정치판의 상투어가 되었다. 배달 사고가 아닌데도 배달 사고라고 억지를 부리며 빠져나갈 구멍을 찾는다. 때로는 뇌물을 전달하는 자가 도중에서 가로채 '인 마이 포켓'을 해버리기도 하고 절반만 건넸다든지 하는 배달 사고가 지면을 장식한다. 그런 유의 배달 사고는 일이 터져 대질하는 과정에서 전모가 드러나곤 한다. 선의를 악으로 받아들이는 것도 일종의 배달 사고이다.

아는 출판사에서 정체 모를 상자를 보내왔다. 내 이름에 내 집 주소가 틀림없었다. 아무튼 상자를 열어보기로 했다. 수필잡지 수십 권이 빼곡히 들어있었다. 이것이 왜 내게로 배달되었는지 궁리하다가 문득 얼마 전에 문우회의 S 선생이 보내준 문자가 떠올랐다. 나와 이름이 똑같은 이가 수필가로 등단했다는 소식이었다. 배달 사고였다. 출판사로부터 다시 보낼 곳의 주소를 받아 우체국으로 향하는 발걸음이 상쾌했다. 내가 내 책을 보내는 듯 자못 의기양양해지는 까닭을 알다가도 모를 일이었다. 참 즐거운 배달 사고였다.

 경계

 계명축시(鷄鳴丑時)란 첫닭이 우는 때가 축시라는 이야기다. 가끔은 자시에 우는 닭도 있었지만 물증이 없어 죄를 물을 수 없었다. 시골에도 한 집 두 집 괘종시계가 걸리면서는 축시가 되기도 전에 목청을 뽑는 수탉은 뉘 집 닭을 불문하고 제삿집의 원성에 살아남기가 어려웠다.
 자시는 자는 시간이고 축시는 축축하게 땀을 흘리며 깊은 잠에 빠진 시간이다. 인시는 인제 일어나서 하루를 시작할 시간이다. 날마다 눈부시게 떠오르는 태양의 운행이 묘하고 묘하다. 진정으로 하루 일을 시작하는 일곱 시에서 아홉 시가 바로 진시이고 가속하여 사무치게 일하는 시간이라 사시이다. 오시에는 잠시라도 오침을 즐겨야 건강에 좋다. 오후에는 슬슬 피곤해지니 미적미적 일을 하게 되니 미시이고 신시는 퇴근이 가까워졌으니 신나게 일하고 마무리할 시간이다. 유시에 유유히 퇴근하여 술 한잔 걸치는 술시이다. 마시다 보니 취하여 해롱해롱 비틀거리니 해시이다. 재미로 꿰맞춰 본 시간 해석이다.
 낮과 밤의 경계는 무엇으로 구분해야 할까? 바람이 숲속에 안식하면 나무에 깃든 새들은 낮에 못다 한 말을 아낌없이 쏟아내며 소란을 피운다. 그러다가 한순간 일제히 묵언에 든다. 칼로 두부를 자르듯 경계가 뚜렷하여 소름이 돋는다. "즐겁게 춤을 추다가 그대로 멈춰라"를 초월하는 신비에 나는 자리를 뜨지 못하지만 새소리는 다시 들을 수 없다. 그것은 내가 발견한 밤의 시작이다. 나는 새벽같이 새들의 쉼터에 다가가 침묵의 시간을 끈기 있게 기다린다. 새들이 갑작스레 소란을 피우기 시작한다. 드디어 아침이 온 것이다.

계절을 구분하는 데는 24절기만 한 게 없다. 입춘은 새해의 출발점이니 봄의 시작이다. 계절을 크게 겨울과 여름으로 나누면 겨울의 정점은 동지이고 여름의 정점은 하지이다. 꼭대기에 도달하면 더 올라갈 곳이 없으니 그때부턴 내려오는 일만 남은 거다. 여름의 최고봉인 하지가 지나면 그때부터 겨울이 시작되는 셈이다. 마찬가지로, 동지에 이르면 그때부터 여름이 시작된다. 그래서 옛적엔 동지를 설날로 삼기도 했다.

절기를 떠나 과연 언제부터가 봄이고 여름이며 가을이라고 뚝 잘라 말하기는 어렵다. 나는 내 나름의 기준을 정해놓았다. 봄은 매화꽃 향기에 기별을 전하고 여름은 연두색 감나무잎을 초록으로 바꾸며 성큼 다가온다. 가을의 기척은 더욱 뚜렷하다. 시원했던 샤워기의 물줄기가 소름 끼치는 날이다. 겨울은 만추의 된서리에도 견디던 고추나무 잎을 물크러뜨리며 찾아왔다.

인체 각부의 살피가 흥미롭다. 해부학적으로 얼굴과 머리의 경계는 눈썹이다. 머리와 덜미의 경계는 발제이고 머리와 뺨의 경계는 살

쩍이다. 손과 팔, 발과 다리의 경계는 회목이다. 상체와 하체의 경계는 허리인데 일부에선 배꼽이라고 주장한다. 우리가 흔히 들먹이는 '오장육부'의 육부 중에 '삼초'가 있다. 삼초는 상초, 중초, 하초로 나뉘는데 상초는 목에서 횡격막까지이고 중초는 횡격막에서 배꼽까지, 하초는 배꼽 아래를 가리킨다.

어른과 아이를 구분하는 법은 단순하다. 설날이 마냥 기다려지면 아이이고 설날이 다가올수록 걱정이 깊어지면 어른이다.

구름과 안개의 구분이 모호하기는 하나 내 사전은 명쾌하다. 산 아래까지 내려오면 안개, 위험을 무릅쓰고 산 중턱까지만 내려오는 건 구름이다. 웃음과 울음은 마침내 구별하기 어렵다. 슬퍼도 울고 기뻐도 울어대니 종잡을 수 없다. 사랑과 미움도 명확히 구별할 수 없다. 사랑과 미움의 근원은 사랑이기 때문이다. 진짜와 가짜를 분별하기 위해서는 자신이 시금석이 되어보는 수밖에 없다. 누구의 말만 듣고 단정하는 건 어리석은 자의 몫이다.

선인과 악인은 어떻게 분별할 수 있을까? 사람은 누구한테나 양심이 있다. 양심이란 옳고 그름, 선과 악을 깨달아 바르게 행하려는 마음이다. 그러므로 양심을 발휘해야 할 상황에서 실행하는 자가 선한 사람이다. 길에서 마주친 불쌍한 사람을 도와주고 싶은 마음이 일었으나 지갑을 열어 동전 한 닢 베풀지 않았다면 '도와주고 싶었던 그 마음'은 결국 위선에 불과하다. 마음 가는 곳에 물질도 간다는 속담이 있다. 내 마음 알지? 알긴 뭘 알아. 네 마음이 어떻게 생겼는데?

약방의 감초 같은 말이 있다. 구인 광고에 붙어 다니는 "가족같이 일하실 분"이다. 가족은 서로 친밀하여 격의가 없고 스스럼없는 사이이다. 한편, 가족은 무한책임사원이다. 노동시간이나 급여를 따질 처지가 아니다.

  무언가 생각났다면 그것은 이미 과거이다. 생각이 날 듯 말 듯 하면 바로 현재이다. 생각이 날 것 같다면 미래가 기대된다.

석보(石堡)를 그리며

포은 정몽주는 여말의 충의지사였고 최영 장군은 무관으로서 목숨을 바쳐 고려에 충성했다. 두 분의 공통점은 역성혁명을 기도하는 이성계 장군에게 맞선 고려의 충신이었다는 점이다. 그러나 이미 고려가 멸망하였는데도 망국에 대한 충절을 지킨 이들이 있었으니 오직 여수현령 오흔인과 여수현의 백성들이다. 현령 오흔인은 조선을 건국한 태조(이성계)가 사자를 보냈으나 석보의 성문을 열어주지 않았다. 그로 인해 여수현과 현민들은 500년 긴긴 세월 속에 신음하며 모진 생을 부지해야만 했다. 혹자는 우직한 현령 한 사람 때문에 여수현이 패현되고 현민이 이루 말할 수 없는 고통을 받았다고 말한다. 복현을 위한 희생과 우여곡절이 있었으나 세 차례의 복현은 찻잔 속의 태풍이었을 뿐, 결국 여수현은 국운이 다할 무렵인 1897년에야 구차하게 복현되었다. 그 이태 전에 전라좌수영이 없어졌고 불과 8년 후에 대한제국은 일제에 외교권마저 빼앗겼다.

후세의 사가들은 현령 오흔인의 충절을 강조하나, 나는 다른 관점에서 말하고 싶다. 고려의 수문하시중 정몽주와 철원부원군 최영 장군은 이성계에 대항하다가 장렬한 최후를 맞았으나, 여수현령 오흔인은 망국에 대한 절개를 지키려다 성에 유폐당해 죽음을 맞았다. 비유하면, 정몽주와 최영은 일부종사를 위해 저항한 것이고, 오흔인은 청상이 망부에 대한 일편단심으로 목숨 바쳐 정절을 지킨 것인즉 성격이 다르다 하겠다. 하나, 정작 내가 주시한 역사는 따로 있다. 정몽주와 최영은 조선 태종에 의해 추증되었고, 오흔인도 세조 때 호조판서에 추증되었다. 비록 역성혁명에 대항하거나 새 왕조를 거부했지만, 조선은 그들을 충의절사로 인정해 준 것이다.

현령 오흔인은 호조판서로 추증되었는데 어찌하여 여수현은 복현되지 않았는가? 미스터리가 아닐 수 없다. 억측일지 모르지만, 나는 망국 고려에 대한 여수현의 충절에는 현민의 결의가 더 크게 발휘된 것이라고 본다. 그렇지 않고서는 여수현만 복현되지 않은 채 무려 500년 세월에 걸쳐 천대를 받게 된 이유를 설명하기 어렵다. 알려진 바와 같이 여수의 백성은 전라좌수영과 순천도호부에 속하여 군역과 조세에서 이중의 부담을 받아왔다. 가난한 백성이 500년에 걸쳐 이중의 가렴주구에 시달려, 실로 죽지 못해 살아가는 참담한 실정이었다. 이는 여수현의 복현을 주청한 여러 기록이 여실히 입증하고 있다.

여수현의 치소는 어디였을까? 석보(석창성)가 현청이었을 거라는 추측이 가끔 눈에 띄었다. 그러나 이는 추측이 아니라, 사실이다. 신동국여지승람에 의하면, 전라좌수영의 본영은 현 여수시 중앙동과 충무동 일원에 설치하였고 여수 석보는 옛 여수현의 현청이었다. 한편, 석보는 좌수영 직할의 5관 5포 이외의 진영으로서 종9품의 권관이 지휘하고 있었다.

조선왕조실록에는 정조 14년(경술 1790년) 8월 20일(양력 9월 28일) 헌납 권회의 상소가 기록되어 있다. 일부를 소개한다.

"전라도 옛 여수현은 순천부와 좌수영 사이에 있는데, 순천과는 100여 리나 떨어졌고 수영과는 30리 안에 있습니다."

전라좌수영은 현 여수시 중앙동과 충무동 일원에 자리 잡고 있었고, 도로 사정이 그리 좋지 않은 시절에는 석창에서 순천까지 100리 길이었으니 이 기록과 맞아떨어지는 위치가 지금의 여천동 석창이다. 여수현은 조선 태조 5년에 패현되었기에 당연히 현청도 폐지되었겠지만, 석보를 해체했다는 기록은 보이지 않는다. 그런데 한 가지 특이한 대목이 있다. 정조 14년, 헌납 권회의 상소는 수영의 설치로 인해 여수현이 혁파되었다고 언급하고 있으며, 영조 1년(을사 1725년) 8월 6일, 지평 이근의 상소에도 역시 여수현이 혁파된 이유가 수영을 설치했기 때문이라고 하며 나아가 그 후, 수영을 옮겼음에도 다시 읍을 설치하지 않은 연고임을 밝히고 있다는 점이다. 그뿐 아니라, 관사와 창고가 그대로 보존되어 있다고 아뢴 것으로 보아 비록 '나간 집'이었으나 석보의 관리 상태가 그리 나쁘지 않았다는 사실을 알 수 있다. 여기서 말하는 '수영'은 앞에서 언급한 5관 5포 이외의 진영(옛 여수현청이었던 석보)으로 권관이 지휘하던 곳을 지칭한 것으로 추정된다. 여수현이 패현되어 순천부에 복속됨으로써 현청은 폐지되었으나 그 자리인 석보에 전라좌수영의 진영이 설치되어 종9품의 무관이 주재해 오던 중 석보의 수영이 어디로 옮겨지고 석보는 비게 된 것이라고 추정해 본다. 다만, 옛 여수현청이었던 석보가 전라좌수영의 진영이 되기 전에는 그곳에 누가 주재하였는지, 어떤 일을 수행했는지 필자의 식견이 일천하여 알아내지 못해 아쉽기만 하다.

여기서 여수현의 복현과 파현 연대를 정리해 본다.

1차 복현은 숙종 22년(1696년)이었으니 패현된 지 300년 만의 일이었다. 이때, 전라좌수사 최극태가 여수도호부사를 겸직하였다. 그러나 채 1년도 지나지 않아 여수현은 다시 혁파되고 최극태는 끌려가 파면당하고 말았다. 2차 복현은 영조 1년(1725년), 지평 이근의 상소가 받아들여져 성사되었다. 그러나 이마저 1년 만에 물거품이 되고 말았다. 3차 복현은 영조 26년(1750년)에 이루어졌으나 역시 1년도 지나지 않아 패현되었다가 망국으로 치닫던 1897년에야 복현되었으니 여수 백성은 조선왕조 500년 내내 비참하게 살아온 것이다.

나는 가끔 이순신 장군과 함께 연전연승을 거둔 수군을 생각해 보았다. 그들은 대개 어느 지역 출신들이었는지가 궁금했던 것이다. 그 의문이 풀린 것은 바로 여수현의 복현 과정에 대한 실록의 기록이었다. 여수현의 백성들이 전라좌수영 수군의 군역을 부담했다는 기록이 곳곳에 보였다. 그도 모자라, 순천도호부의 군역까지도 부담했다.

파란만장한 여수현의 역사를 돌아보면 피맺힌 백성의 절규가 환청처럼 들려온다. 그러나 여수현의 백성은 '약무호남 시무국가'의 주인공들이었다. 나는 여수현민 외에 망국의 고려에 충절을 지킨 백성이 또 어디에 있었는지 듣지 못했다. 국가사적으로만 방치되어 있는 옛 여수현청(석보)을 하루속히 복원하여 여수의 정기를 천하에 떨치고 시민의 긍지를 드높여야 한다.

모내기의 타임머신 못밥

하지는 여름이 꼭대기에 다다른 날이니 그때부터 가을로 접어드는 셈이다. 가을의 초입에 모내기를 하고 막바지에 추수하는 이치가 묘하다. 그런즉, 모내기를 빼놓고는 하지 무렵의 농촌 풍경을 이야기할 수 없다.

누구네 집이 못날을 받았다더라 하는 소식이 동네를 한 바퀴 돌아오는 데는 한나절도 걸리지 않았다. 빨래터에서 마지막 조율이 이루어지면 집집의 모내기 날이 정해졌다. 모내기는 하지 안팎 대엿새 상관에 집중되기에 하룻날이면 네댓 집이 모내기를 했다. 마을에 초상이 나거나 재해가 발생하기라도 하면 모내기 날짜는 자연스럽게 순연되었다. 품을 앗아도 손이 모자라면 놉을 얻는다. 촌에 살아도 구태여 품을 앗을만한 농사가 없는 집은 놉으로 일을 해주고 품삯을 받는다. 아예 시내에서 품꾼을 여럿 사 오는 집도 있었다. 누구네 집 모내기다 하면 선일꾼 남정네 몇에 모잡이가 몇이라고 딱 정해져 있었다.

윗녘에서는 남자들이 모내기 작업을 도맡아 한다는데 남도에서의 모심기는 아낙과 처자들의 몫이었다. 모내기 철에는 밭일도 태산 같았다. 보리 뒷그루로 메주콩이며 녹두와 팥, 참깨나 수수 따위를 갈고 이랑을 지어 고구마도 놓아야 했으니 보리타작은 뒷전이고 몸이 두 개라도 모자라는 판국이었다.

 논이 많은 집에서는 한꺼번에 모잡이를 확보하기 어려워 한 번 더 날을 받기도 하고 '한기 모'를 심기도 하였다. 모꾼들은 저마다 자기 집에서 아침을 먹고 모를 내러 가는데, 한기 모는 이른 아침부터 시작하는지라 모꾼들의 조반을 모내기하는 집에서 마련했다. 작업 실적을 올리려는 방편이긴 하지만 해가 떨어지도록 모내기를 하는 경우는 없었다. 한기 모를 심는 사람들은 꾼들이어서 손이 빠를뿐더러 '도급주기'를 하는 터라, 오후 새참 때쯤이면 허리를 편다. 여느 모잡이들보다 품삯도 더 받는다. 모내기를 마쳤다고 해서 그냥 돌아가는 것은 아니다. 다음 날 한기 모를 심을 집의 못자리로 이동하여 미리 모를 쪄놓고 하루를 마무리하는 것이다.

 모내기와 가을걷이 때가 되면 학교는 일주일씩 농번기 방학을 했다. 아이들은 제 엄마가 뉘 집 품을 들러 가는지 알고 있었다. 뉘 집 모를 심으러 가는지 안날이나 아침에 미리 일러주고 집을 나서기 때문이었다. 어머니는 일 바지 차림에 목이 긴 양말을 신고 토시와 여성용 밀짚모자를 챙겨 종종걸음을 치곤 하셨다.

 모잡이는 200평 한 마지기에 두엇을 얻지만 뭣한 집에서는 마지기에 한 사람을 맞춰 두고두고 구설에 오르기도 한다. 초등학교 3, 4학년만 되어도 안뜰에는 누구네 논이 어느 배미이며 마을 어귀 오선네 논은 웃골에 일곱 다랑이라는 것쯤은 다 알고 있었다. 하나, 모내기하는 집의 논이 한 군데만 있는 것이 아니어서 새참과 점심을 어디로 내가는지 알 수가 없었다. 그 집 앞에서 기다리는 게 상책이었다.
 처네나 띠로 갓난아기를 업은 아이, 어린 동생의 손을 잡고 온 아이들은 이제나저제나 하며 촉각을 세우고 있다. 모잡이가 스물이면 논에 따라갈 아이들은 두 배에 가까웠다. 드디어 새참이 나간다. 놋대접이며 주발을 잔뜩 실은 바지게가 앞장을 서고 밥과 반찬 바지게를 짊어진 아저씨와 국동이, 술동이, 물 양동이를 인 아주머니들이 잇달아 나서면 우리는 잘 훈련된 군사처럼 줄을 지어 뒤를 따랐다. 나지막한 고갯마루에 닿으니 저 아래 들녘에서 모내기하는 광경이 한눈에 들어왔다. 벌써 새참을 먹는 곳도 보인다.
 새참은 모내기하는 논 근처 빈터나 널찍한 논둑에 네댓 사람씩 둘러앉아 먹을 수 있도록 차려놓는다. 모꾼들이 논에서 나와 근처 개울이나 논물에 대충 손발의 진흙을 씻고는 제 새끼들을 두리번거린다. 아주머니들이 갓난아기를 받아 안고 젖을 물리기 바쁘다. 정월 대보름의 오곡밥과 같은 찐 밥에 꽃게탕, 수제비 미역국과 갈치조림, 김치 등등 무엇이고 감칠맛이다. 시장이 극에 달했을 어머니들은 제 새끼들 하나라도 더 먹여 보내려고 어여 먹어라, 이것도 먹어보아라 하며 수저를 드는 둥 마는 둥 하였다. 전주(田主) 아주머니는 아이가 딸린 모꾼한테는 감투밥을 안겨주고 아이가 두셋이면 따로 한 그릇을 더 주기도 했다. 집에 있는 아이까지 계산에 넣었다. 그러나 다들 어려운 시절이었기에 배부르게 먹을 만큼 풍족한 것은 아니었다. 간혹 엉뚱한 곳을 따라온 아이들도 있었다. 끝내 제 어미를 찾지 못한 아이는 금방이라도 울음을 터뜨릴 얼굴이 된다. 이웃집 아주머니가 곰

살궂게 아이를 달래서 제 새끼들과 새참을 함께 먹도록 한다. 새참을 가지고 온 아주머니들이 돌아갈 때 그 아이를 제 엄마가 모내기하는 곳에 데려다주기도 했다.

  모내기를 하는 집이 곧 잔칫집이었다. 동냥아치들도 모내기하는 집을 용케 찾아들었다. 집을 보고 있을 손아래 누이에게 줄 주먹밥과 큼지막한 게 발을 들고 다른 한 손으로 어린 누이의 손을 잡고 집으로 돌아오는 길은 마냥 흐뭇하고 사뿐하였다. 내가 아주 어렸을 적에는 세 살 위의 형이 나를 데리고 다녔다는데 아무리 용을 써도 생각이 나지 않으니 형제간에도 내리사랑만 있는가 싶다.

둥근 수면을 말한다

 지구는 초속 460m의 빠른 속도로 하루 한 바퀴씩 자전하며 매년 태양 주위를 공전하기 위해 초속 29.78km의 질주를 계속한다. 사람이 그 속도를 전혀 느끼지 못하는 까닭은 거대한 지구가 등속운동(等速運動)을 하기 때문이다. 갑자기 속도를 줄이거나 멈춘다면 지상의 모든 것이 결딴나고 말 것이다. 지구가 그처럼 엄청난 속도로 회전하면 상상을 초월하는 강풍이 휘몰아쳐야 할 터인데 왜 하늘은 오늘도 잠잠하기만 할까? 지구가 둥근데 해류는 왜 일정한 방향으로만 흘러가는 것일까? 지구의 둘레는 4만여 km이다. 7천 km가 넘는 아마존 강은 태평양 연안의 페루에서 아프리카 대륙을 횡단하여 대서양으로 흘러드는데 무슨 수로 둥근 지표면을 둥글게 흘러가는 것일까? 지구가 둥근데 지표면의 3/4을 덮고 있는 바다가 어찌 둥글지 않으랴. 이리하여 '둥근 수면'을 말하면 비웃을 자가 누구인가. 그러면 물이 높은 곳에서 낮은 곳으로 흘러간다는 말은 언제나 진리인가? 북반구에서 위도가 높은 지역의 한류가 내려오고 위도가 낮은 지역의 난류는 어떻게 위로 거슬러 오른다는 말인가? 바늘처럼 가느다란 저 솔잎은 어떻게 땅속까지 얼어붙는 혹한을 견뎌내는 것일까? 가을 나무는 아무렇게나 낙엽이 지면 그뿐인데 굳이 아름다운 단풍을 선보이는 것일까? 사막에는 좀처럼 비가 내리지 않는데 아마존 유역에는 왜 넘치도록 비가 내리는 것일까? 계속되는 질문과 사유가 깨달음의 인연으로 내 영혼에 자유를 선사한다.

시간은 태양의 위성인 지구의 자전과 공전에 따른 낮과 밤의 변화, 기후 변화의 반복에 불과한지도 모른다. 시간은 트랙을 돌듯 회전운동을 하므로 밤과 낮, 계절도 돌아오고 또 돌아오는 것이 아닐까. 인생만이 흘러가서 돌아오지 않는다. 다시 돌아와 우리 앞에 선 계절이 달라 보임은 인생이 변한 탓이리라. 시간은 본시 존재하지 않는데 인간이 만들어낸 허구의 개념일 수도 있다. 그리하여 '세월'은 신기루이다. 강물은 흘러가다가 소멸하는 존재가 아니다. 강물은 바다로 흘러들고 바다는 구름을 타고 하늘에 올라가 비가 되어 돌아온다. 이렇게 물은 다시 돌아오는데 인생도 '포태법'에 따라 윤회하는가? 모태를 향한 원초적 그리움은 '새것으로 거듭남'을 예비한 창조주의 섭리이리라.

새로운 것은 창조물이 아니라 재창조물이다. 새로워진다는 것은 낡은 것, 이미 있었던 것이 새것으로 변화하는 과정이다. 본래의 내 몸과 마음이 없는데 어찌 새로운 몸이 되고 새 마음이 되겠는가. 놋쇠는 구리와 주석이 합하여 새로워진 금속이다. 모든 발명은 '재창조' 곧 '새롭게 하기'이다. 작가는 발명가가 되어야 한다. 새로운 것은 낯설기 마련이다. 지금껏 보고 만지고 느껴왔던 사물과 인간에 대한 오감과 생각을 재해석하고 지금까지와 다른 각도에서 살펴보고 눕혀보기도 하고 거꾸로 세워보기도 하여 새로운 느낌, 전혀 다른 깨달음을 얻는 것이 낯설게하기이며 재창조의 시작이다.

오행의 상극을 생각한다.

금이 목을 극하고 목은 토를 극하고 토는 수를 극하며 수는 화를 극하니 '금→목→토→수→화'는 오행의 상극관계이고 '목→화→토→금→수'는 오행의 상생관계이다. 나무는 불을 살려주고 불은 흙을 생하고 땅은 바위와 쇠를 생하고 금은 물을 생한다. 물과 불은 진정 원수지간일까?

불과 물은 서로 너무나 사랑하는 아내와 남편이다. 죽고는 못 사는 사이인지라 와락 껴안자마자 아내가 그만 혼절하고 만 것이다. 사랑의 운명을 어찌하랴. 불은 남편의 넓은 품에 안기고 싶다. 물은 아내의 사랑으로 힘과 용기를 얻으려 한다. 물은 불을 온몸으로 안는다. 불의 참다운 안식처는 물이다. 바보 온달은 평강공주를 만나 장군이 되었다. 세상의 여자는 위대하다. 자신을 희생하여 남자를 세운다. 세상의 남자도 위대하다. 자신의 공을 아내에게 돌린다. '수극화'가 아니라 '수생화'요 '화생수'이니 발상의 전환이 가히 혁명적이다.

물은 불기운 즉 화기를 얻지 못하면 얼어붙어 무용지물이다. 불은 몸이 없는 에너지이니 의탁할 곳이 필요하다. 더러는 탄소의 형태로 초목에 흡수되고 땅속에 스며들기도 하지만 오매불망 자신의 남편인 물속에 들어가 안식하기를 꿈꾼다. 바닷물은 태양 에너지를 품어 갈무리하는 최적의 저장소이다. 물에 저장된 불(태양 에너지)은 숱한 생명체가 추위에 떨고 있을 때에 가만히 세상에 나와 온실이 된다.

바닷물에 저장된 불이 지구의 기후를 조절하는 것이다. 불이 물속에 저장되지 않는다면 지구는 혹한으로, 한편으론 혹서로 인해 생명체가 살기 어려운 환경이 되고 말 것이다.

인생은 강물처럼 흘러가지만, 어느덧 생명의 샘이 고갈되어 짧은 생을 마감한다. 생명의 샘물은 끊임없는 창조의 산물이다. 창조를 멈추지 않는 한, 샘은 마르지 않을 것이다. 멈춤 없는 창조를 가능케 하는 원동력은 '진리의 사랑'이다. 샘물은 퍼내야 솟아나듯 진리의 사랑은 나누어주면 다시 차올라 은혜로 넘쳐난다.

여행은 생각을 새롭게 하는 데에 특효약인 듯하다. 그러나 우리는 낯선 풍경은 좋아하나 낯선 사람을 꺼리는 습성에서 쉬이 벗어나지 못한다. 혼례식장이나 이런저런 행사에 나가 아는 사람을 찾아 두리번거리고 아는 사람끼리 모여 앉아 먹고 마신다. 낯선 것은 속을 알 수 없어 불편하고 어색한 탓이다. 하나, 낯선 것을 저어하면 새로워지기 어렵다. 새로워지지 않아도 제자리걸음은 하고 있는 거라는 생각은 착각이다.

작가는 방황하는 나그네의 길라잡이다. 작품 속에서 끊임없이 새로운 세계를 창조하여 독자에게 여행의 신선한 충격을 제공한다. 작가는 창조를 통하여 새로워지고 독자는 작가가 안내하는 낯선 곳을 여행하며 새로워진다. 자랑하고 싶은 마음은 회귀본능에 가깝지만 작품 속에서 자랑은 주인공을 돋보이게 하는 엑스트라로 족할 일이다. 자칫 주객이 바뀌기라도 하면 새로움을 기대하기 어렵다. '자랑'은 작가가 부르는 흘러간 노래가 아니라 독자가 불러주는 '새 노래'

여야 한다. 독자는 흘러간 옛 노래에 집착하는 작가의 낡은 패러다임을 용서하지 않는다. 눈요기로 끝나고 마는 '남의 잔치'에 흥겨워할 속없는 독자는 존재하지 않는다. 팔불출은 독자의 안마당을 파괴하는 테러리스트이다. 상처 입고 소외당한 독자는 돌아오지 않는다. 작가는 자랑에 차 득의양양한데 정작 독자가 깊은 공감과 더불어 가슴 뿌듯한 세계를 맛보지 못하고 재미나 즐거움도 얻지 못한다면, 작은 유익함조차 건지지 못한다면 그 작품은 내다 버려야 할 쓰레기일 뿐이다. 독자는 쓰레기봉투를 사야 할 이유가 없다. 쓰레기가 될 게 뻔한 화려한 포장과 장식을 미리 제거하고 나목과 같은 자신의 모습을 내보여야겠다.

새로워지면 낯설게 되고 낯선 것은 신선하다.

불편한 심사

　시인 신동엽은 〈누가 하늘을 보았다 하는가〉라고 세상에 물었다. 시인은 별다른 우주를 가꾸는 사람이니 그 물음에 토를 달기는 어렵겠다. 시인은 자신이 풀지 못한 문장을 땅에 던져놓고 싹이 트기를 기다린다. 스님은 영원한 수수께끼로 남을 화두와 씨름하다가 여명에 깨우친다.
　자칫 진주도 흙더미에 묻혀버릴 수 있으니 자기 자랑은 존재의 외침일 수도 있겠지만 요즘 사람들은 지나치리만큼 제 잘났다 한다. 서슴없이 낭중지추를 들먹이며 모수자천을 쉽게도 꺼내 든다. 사랑은 고백으로 꽃을 피우나 자랑은 입 밖에서 교만으로 변질한다. 낮춤과 치사가 예법이라는 단순한 도리를 모르는 팔불출이 너무 많은 요즈음이다. 자신의 자랑이 누군가의 상처가 되고 열등감이 된다면 그 자랑은 이미 비수요 투석이다. 동탁의 똥배를 과시하며 몇 걸음 내디딘 것으로 지구가 꿈틀할 거라 착각한다면 독자의 무게를 경시한 망발이다.
　자신의 글에서 얼마간이라도 독자의 감동과 기쁨을 보았는가? 독자가 건질만한 유익을 보았는가? 누구에게 좋은 것을 주려면 내 속에 그것이 있어야 한다. 자랑도 좋은 것이고 내가 가진 것이니 누구에게 줄 수는 있으나 내 자랑은 그 사람한테도 좋은 것일까. 내가 잘되기를 빌며 나를 사랑하는 사람들만이 그 자랑 속에 행복할 수 있다. 그런 걸 헤아리는 마음이 배려 아닐까.

　기소불욕 물시어인(己所不欲 勿施於人)이다. 내가 하기 싫은 일을 남에게 시키지 말라는 원론을 넘어 내가 하는 말을 남들이 기꺼워할까, 내가 쓰는 글을 독자들이 즐겨 읽을까 하는 자문부터 해봐야겠다. 추상같은 심판을 내렸다면 미련 없이 재갈을 물릴 일이다. 무릇 문인은 독자에게 폐를 끼치지 않도록 삼가고 삼가야 한다. 독자에게 수수한 재미조차 선사하지 못하는 신변잡기를 자찬하며 읽어달라 내미는 교만은 독자에 대한 고문이다.

　사람들은 피가 되고 살이 되는 충고에는 히스테릭한 반응을 보이면서 안개처럼 떠도는 '카더라'에는 오감을 부채질하여 침소봉대를 물어 나른다. 보지 않았으면 믿을만한 근거라도 붙들고 나발을 불어야 낯이라도 설 텐데 방앗간 참새가 되었다가 촉새가 되었다가 한다. SNS에 떠도는 유령들이 흘려놓은 귀신 씻나락 까먹는 소리를 고급정보라고 자랑삼아 떠벌린다. 한 줄로 20명을 세워놓고 맨 앞 사람에게 간단한 내용의 쪽지를 읽어보게 한 다음 뒷사람에게 그대로 전달하는 실험에 동참해 본 적이 있었다. 앞사람의 말을 들은 사람은 다시 자기 뒷사람에게 전한다. 드디어 맨 마지막 사람이 자신이 들은 것을 발표했는데 쪽지에 적힌 내용과는 달라도 너무 다른 말이었다. 귀를 의심케 하는 어이없는 상황에 모두들 배꼽이 달아날까 봐 배를 움켜쥔 채 허리를 꺾었다. 무엇을 들었는가, 무엇을 보았는가? 무책임하게 퍼뜨리는 '주워들은 말'이 웬만큼 사실이라 장담할 수 있는가?

　수필은 산문에 속하지만, 허구가 아니라는 점에서 산문과 구별된다. 요즘 나는 심기가 불편하다. 이름만 대면 아는 원로 수필가들의 글에서도 출처 불명의 예화와 맞닥뜨리는 까닭이다. 이럴 바에야 수필이라는 장르를 지워버려야 한다. 대체 무엇을 수필이라 하는가? 내가 본 것은 흥미로운 장편소설(掌篇小說)이었다. 수필에 허구가 용납된다면 한때 돌풍을 일으키며 독자의 눈물샘을 자극했던《우동 한 그릇》을 빼쏘는 감동적인 이야기를 누군들 하지 못할까. 이 글은 나 자신한테 보내는 손 편지이다. 나는 내가 쓴 글의 정수를 맛보았는가? 독자의 눈높이는 내 키를 저울질하는데 나는 눈동자도 없는 용을 그려놓곤 승천하기만을 고대하며 비 소식에 목을 매고 있는가?

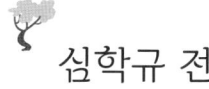
심학규 전

　남경 상인들은 약속대로 공양미 삼백 석을 절에 보냈다. 심 봉사한테는 따로 쌀 백 석과 돈을 보냈다. 마을 사람들은 그 재물을 잘 관리해 주었다.
　수수한 차림새의 뺑덕어멈이 고갯길을 넘어오고 있었다. 시오리 상거, 바다에 몸을 던진 딸로 팔자를 고쳤다는 심 봉사가 표적이었다. 무남독녀 외딸이 제물이 되어 바다에 던져지는 꿈에 시달리던 심 봉사에게 뺑덕어멈이 찾아와 치맛자락 살랑이며 요조숙녀를 속삭였다. 그 저녁부터 이밥에 고기반찬이 떨어지지 않았다. 몰락한 양반 심 봉사는 정제된 의관으로 체면을 갖추었다. 뺑덕어멈의 속 보이는 수발 덕분이었다. 심 봉사는 호강에 겨워 어느 결에 청이도 잊었다.
　생환하여 왕후가 된 청이는 화주(化主)의 기적을 믿지 않았다. 그래서 맹인 잔치를 열었다. 개천에서 건져준 스님과 삼백 석을 약조한 사람은 아버지였을 뿐이다. 뺑덕어멈은 관에서 지급해 준 심 봉사의 상경 여비마저 챙겨 종적을 감추었다.
　심학규는 가슴이 타들어 갔다. 사위가 된 만인지상이 더 궁금했다. 그때, 눈 속에서 욕망의 불꽃이 튀었다. 눈을 뜬 것이다. 그는 가장 먼저 국구가 된 자신의 육신을 보았다. 그러고는 사위 임금을 보았다. 딸은 보물단지로 보였다.

　길 가장자리 후미진 공터에는 늘 쓰레기가 쌓였다. 가끔 청소차가 볼멘소리를 내며 쓰레기를 실어 갔다. 길가의 산자락은 쓰레기 손을 지닌 도시인의 쓰레기장이 되었다. 그들은 사위를 두리번거리며 산기슭과 후미진 길섶에 쓰레기를 버리고 황급히 도망하느라고 늘 자신들의 쓰레기 손을 보지 못했다. 천민으로 전락당한 신선들의 신음은 바람 소리에 묻혀 스러졌다. 농자(聾者)가 말을 잃어버리듯, 저 깊은 곳에서 울려오는 소리를 들으려 하지 않은 이들은 청맹과니가 되었다.

　차에 치여 아스팔트 바닥에 붙어있는 고양이 가죽을 까마귀 한 마리가 뜯고 있었다. 오늘 아침에는 까치 두 마리가 다른 고양이의 사체를 먹고 있었다. 지극히 평화롭고 다정한 광경이었다. 그곳에는 거짓과 속임이 없었으나 사람들은 못 볼 것을 보았다며 고개를 저었다.

　들고양이가 도로를 활보하는 건 불법이 아니다. 까치와 까마귀가 길 가운데 나와 고양이의 사체를 식량 삼은 것도 불법이 아니다. 길에 나온 고양이를 치어 죽인 자동차는 더욱 떳떳하다. 아무도 법을 어기지 않았건만 비명횡사는 일어나고 현장에는 슬픔과 허무가 자욱하다. 열사병 환자가 급증하여 연일 사람이 죽어난다. 세상의 상식을 벗어난 폭염도 '불법더위'이겠다.

　농장의 네로와 흰돌이, 깜찍이가 행방불명된 지 여러 달이 지났다. 누렁이 한 마리가 풍 맞은 노인처럼 위태롭게 걸어오고 있었다. 우리

개인가 하여 차를 멈추고 살펴보니 이웃 농장의 황구였다. 올무가 파고든 피투성이 하반신은 뼈가 드러날 지경이었다. 저리되도록 철심 올무 줄을 끊어내는 장면이 떠올라 아뜩하였다. 녀석은 아픈 걸음으로 집을 찾아가고 있었다. 차라리 우리 개가 아니어서 다행이라며 눈을 감았다. 이태 동안 오후의 산책을 해오던 노인이 보이지 않았다. 한 달은 지났을 것이다. 불길한 생각이 사라지지 않았다.

예수그리스도는 안약을 사서 발라보라고 하였다. 너희 눈은 본다고 하니 죄가 그저 있다고 하였다. 세상은 소경 천지인데 자신을 심 봉사라고 생각하는 이는 없다. 주술에 걸린 줄도 모르고 빈손으로 왔다가 빈손으로 가는 인생이라며 위안을 삼는다. 하늘이 소중한 생명을 내주었건만 그대 어찌하여 빈손으로 왔다 하는가. 그 생명 누구한테 잡히고 빈손으로 간다 하는가. 심 봉사 눈을 뜨고도 부끄러움 모르니 진정 눈을 뜰 날은 언제인가.

골짜기의 아래쪽 밤나무가 말라 죽었다. 악상을 당한 위쪽의 어미 밤나무가 급사했다는 소식이 들려왔다. 갈색의 주검 위에서 별처럼 총총한 밤송이들은 열흘을 푸르렀다.

그때에 심 봉사 비로소 눈을 떴다.

# 288년의 역습

고운 단풍잎 다 떨어졌다. 꽃도 지고 밤하늘의 별빛도 스러졌다.
계절의 길목에서 꽃은 다시 피어오르고 나목에는 싹이 돋는다. 별빛은 간밤인 듯 여전하다. 그러나 청춘의 '영원한 사랑'은 헛된 맹세로 흩어지고 인생은 세월을 좇아 흘러간 길을 돌아오지 않는다.
언제부턴가 나는 어스름이 깃드는 바람 잔 날 나진포구의 고운 모래톱처럼 바닷자락 조수가 소리 없이 밀려오고 밀려가는 풍경을 연모하게 되었다. 섬들이 저물면 바다는 숨을 고르며 조촐한 하루의 보람을 화답하고 깊은 침묵에 잠긴다. 절후가 차례로 찾아오는 어김없는 계절의 변화를 따라 나진포의 바다는 왔다가 가고 갔다가 오기를 거듭한다. 오늘이 일곱 물쯤 되는지 쾌청한 한낮에 온 동네 아낙들이 개에 나가 바지락을 캐고 있다. 아득한 옛적에도 바다는 그렇게 이 포구를 괴였고 백 년 전 어느 날에도 바지락은 풍성하였을 것이다.
불도 끄지 않은 채 잠이 오지 않는 밤에 나는 하염없이 괘종시계를 바라보고 있다. 고지식한 초침은 열한 시의 가풀막에서도, 열두 시의 마루를 지나 새날의 내리막길에서도 보폭과 속도를 바꾸려 하지 않는다. 사람 사는 세상에만 설령 걸음의 내리막이 있고 숨이 턱에 걸리는 고갯길도 있는가 보다. 나는 새벽 세 시의 시계 속으로 들어간다. 시계는 세 시에 하루를 여는 사람에겐 진자를 건너편의 아홉 시에 보내주었다. 아흔 살의 수명을 약속한 것이다. 아침 여덟 시의 잠꾸러기한테는 진자를 뒤로 물려 사십 수의 짧은 생애를 허락하고 있었다. 누구든 날마다 스물네 시간을 일주하면 열두 시의 출발점에 다시 서게 될 터이니 가히 2갑자를 누릴 수 있겠다.

시간은 인생들의 세월을 가늠하며 늘 반란을 꿈꾸어 왔다. 어떠한 사보타지도 허용되지 않는 영어(囹圄)의 공간 속에서 시간은 부단히 태업을 자행하였고 고금의 어떤 권력자도 이를 제지할 수 없었다. 시간은 인간을 향한 프로메테우스의 연민에 빠져 그의 창조주에 반기를 든 것이다. 사람들은 자신의 업보로 말미암아 거북이가 되어버린 무죄한 시간을 탄하였다. 그들은 세상에 널리 알려진 인내의 표상들을 애써 외면하였다. 몬테크리스토 백작이 누구냐, 달마가 누구냐 하였다. 시간은 눈물을 감추며 가속페달을 밟았다. 시간의 가속도는 세인의 상상을 뛰어넘는 '일각삼추(一刻三秋)'였다. 3년 세월을 15분으로 압축시켜 준 놀라운 측은지심이었다. 시간은 세월을 아끼며 살아가는 이들에게 달음박질을 놓아 더욱 많은 시간을 보장해 주었다. 가장 행복한 부류는 시간 가는 줄 모르고 일하는 사람들이었다. 시간은 공평무사하지 않았다. 시간은 그를 애지중지하는 사람들의 행복을 기도하고 있었다.

가을이 깊어지자 시간은 치부책을 펴들었다. 그 두툼한 책에는 시간이 일각을 삼추로 베풀어준 자들의 이름이 빼곡하였다. 내가 눈여

겨본 것은 책머리에 적혀있는 이상한 공식이었다.
 '1각(15분)은 3추(3년), 1시간은 4각(12년), 1일은 96각(288년).'
 나는 일각이 삼추 같다는 경구를 별로 마음에 두지 않았었는데 시간은 하루가 지옥이라는 사람에게 288년의 광속을 베풀어주었다는 이야기다. 나는 분연히 시간한테 대들었다. 어불성설의 측은지심이 다 무엇이며 이 장책은 또 무엇이냐고 따졌다. 시간은 지그시 눈을 감았다.
 "배은망덕을 지나칠 수는 없어요."
 압축파일을 여는 순간 일각은 3년 세월을 바람처럼 스쳐 갔다. 그러나 풀잎에 맺힌 이슬 같은 인생들의 슬픈 생애가 가여워진 시간은 288년의 빚더미를 일만분의 일로 감해주었다. 시간은 새로운 공식을 따로 적어두고 있었다.
 '1일≒10일'
 지긋지긋한 시간이라 원망한 자의 하루에 대하여 열흘의 빚만 받아내겠다는 너그러운 산법이었다. 그 책에 내 이름도 적혀있었다. 나는 재빨리 내 이름을 에워버리곤 도망치듯 발길을 돌리며 시간의 얼굴을 훔쳐보았다. 시간은 짐짓 낮고 부드러운 음성으로 내게 말을 건넸다.
 "그러나 사시와 절기와 연한을 정하신 이는 창조주랍니다."
 두 노인이 엎어질 듯 허리를 굽힌 채 보행기를 하나씩 밀고 간다. 보행기는 무릎이 결딴난 노인들의 마지막 지팡이다. 늦가을 오후의 햇살을 등허리에 업은 안노인 둘이 나란히 걸어간다. 빈 보행기를 하나씩 밀고 노인당 가는 길에 해가 저문다. 그때 젊은 엄마가 아기를 태운 유모차를 밀고 온다. 유모차는 호사스럽고 엄마와 아기는 봄날의 아지랑이 같다. 두 노인은 송기 막대기가 되어버린 두 팔로 각자의 보행기에 힘겹게 매달려 끌려간다. 허리가 꺾이다 못해 멍에처럼 굽었다. 나는 그 광경이 짠하여 눈을 떼지 못한다.

아기는 유모차에 실려 살아갈 세상을 구경하고 있다. 노인은 낡은 보행기에 매달려 살아온 세상과 이별하는 연습을 한다.

아기는 네 발로 기면서 하늘을 본다. 노인은 네 발 달린 지팡이에 의지하여 한 뼘의 땅바닥을 더듬는다. 아기는 뒤를 가릴 줄 몰라 그 어머니가 기저귀를 갈아주고 진자리를 빨아댄다. 아기는 지각이 없어 부끄러움을 모른다. 그러나 그 옛날 시린 손 호호 불며 자식들의 기저귀를 빨고, 늙어서는 손주의 기저귀를 갈아주던 어머니는 누구의 손에 하초를 내맡기는 부끄러움을 견디고 있다. 육신만 아기가 된 어머니의 무정한 세월이 서러워 목이 멘다.

시간은 단호하게 말했다.

"인생의 유한한 삶은 내 탓이 아닙니다."

태풍이 휩쓸고 간 가을의 문턱에는 때아닌 봄이다. 과목에도 가로수에도 초록이 새롭다.

저 기이한 '가을봄'의 정체에 대하여.

다시 오지 않는 인생과 되돌아온 시간에 대하여.

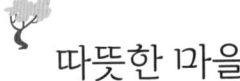
따뜻한 마을

 음력 스무날의 열두물은 마음에 둘 바 없으련만, 만만찮은 한낮의 만조에 물결은 호안을 범하고 있었다. 포구의 어선들은 파도에 일렁이고 매운바람은 입춘을 밀어붙이며 목덜미를 겨눈다. 후미진 호안 도로를 따라 늘어선 집집마다 쉴 새 없이 펄럭이는 국기처럼 설레는 내 가슴도 진정될 기미가 없었다. 칠순의 안노인이 댓돌에 올라서서 추위에 떨고 있는 마을회관의 현관문에 열쇠를 꽂으며 나그네에게 손짓했다. 하나둘 회관에 모여든 산수 안팎의 할머니들이 낯선 방문객에게 두리번거리며 어색한 몸짓으로 자리를 권했다. 어머니 같고 이웃집 아주머니 같은 노인들 앞에서 없는 예의를 차리느라 나는 공연히 멋쩍어 서성였다. '찾아가는 성인 문해교실'의 첫 만남은 그렇게 시작되었다. 여남은 학생 중에 정해 생은 단하(壇下)요 임신년이 좌장이었다. 배우고 배워도 돌아서면 그만이라는 한숨 소리에 미련한 탓이라는 체념 어린 한탄이 뒤섞였다. 새내기 문해교육 강사의 작은 다짐이 탄식 속으로 가만히 파고들고 있었다.
 '학생(學生)'은 배움으로 생기를 얻는 사람이다. 늙어서도 공부하는 사람은 반드시 회춘한다. 10년, 20년은 젊어지기 마련이다. 건성으로 불을 때서는 고구마가 익지 않는다. 화력을 집중해야 한다. 공부는 그런 것이다. 마음속에 잠들어 있는 열정을 꺼내어 불태워야 목표 지점에 도달할 수 있다. 우리의 목표는 '가갸거겨'를 읽고 시내버스 번호나 알아보는 데 있지 않다. 연마하고 연마하여 중학교나 고등학교를 나온 사람과 견주어도 손색이 없는 수준의 시민이 되는 것이다. 억지로 하지 말고 즐거운 마음으로 서로 도와주고 이끌어주며 목적지까지 나아가자고 부탁드렸다.

글을 모르는 사람이 글을 알게 된다는 건 소경이 눈을 뜨는 것과 같다. 날 때부터 소경이었던 사람이 70, 80년 만에 비로소 보게 된 세상은 얼마나 경이로운 것일까. 사랑하는 가족의 얼굴을 보고 찬란한 아침 해를 난생처음 맞이하는 심정을 어찌 상상할 수 있으랴. 그러나 심 봉사가 눈을 뜨기까지 청이의 목숨과 바꾼 공양미 삼백 석이 필요했다. 문맹의 눈을 뜨게 하기 위해서는 하나밖에 없는 목숨을 내놓는 그런 희생이 소용된다. 나는 그런 다짐으로 이곳을 찾아왔던가. 오늘의 첫 만남에서 청이는 보이지 않고 까다로운 시어머니 하나 태어났다. 바깥바람은 여전히 매섭지만 그래도 때는 좋아 입춘 아니더냐.

여든 안팎의 할머니들이 호기롭게 애국가를 부른다. 노랫소리는 교실을 돌아 메아리치고 할머니들의 상기된 표정은 방년 16세이다. 세 번째 만남은 애국가 4절까지 부르고 쓰기로 엮여졌다. 생각해 보면 눈물겹도록 장한 일이다. 보행기에 구부정한 허리와 책가방을 맡기고 마을회관으로 찾아드는 힘겨운 모습이 오히려 아름답다. 학생들은 기억력의 한계를 한탄하고, 나는 콩나물시루에 물 주기를 다짐

한다.

　사람을 만나면 호칭 때문에 생각이 흐트러질 때가 있다. '할머니 학생들'은 나를 스스럼없이 '선생님'이라고 불렀다. 나도 그분들을 '선생님'으로 부르기로 했다. 아니 될 말이라며 아우성이었다. 나는 눈곱만한 지식을 전할 뿐이지만 어르신들은 다방면에서 인생의 선배이니 '선생님'이 마땅하다며 집단 항의를 물리쳤다. 나는 그렇게 선생이 되었고 그분들은 나의 선생님이 되었다. 선생은 마땅히 사표(師表)가 되어야 하는데 나는 아득하여 집을 나선 후회에 잠긴다. 그러다가 깨닫는다. 나는 가르치러 온 것이 아니라, 선생님들께 배우러 온 길이라는 것을.

　시어머니 건강을 염려하며 만류하던 며느리가 공책을 한 아름 사다 주더라며 은근한 자랑을 내놓는 김 선생님. 쓰기가 잘 안된다며 긴 한숨을 내쉬는 정 선생님. 수업이 시작되었는데도 짝꿍이 오지 않자 핸드폰을 꺼내는 강 선생님의 채근에, 잠깐 공부하고 온다는 게 시간 가는 줄 몰랐다며 허둥지둥 달려오신 짝꿍 선생님의 꿈은 글을 배워 지나온 팔십 평생을 적어보는 것이다. 가을 시화전을 준비하며 자신이 쓴 글을 읽다가 목이 멘 권 선생님의 도화지에는 모내기가 끝난 초록의 들녘과 산자락이 정다웠다.

　내가 한 것이라고는 고작 두 달간의 강사 노릇인데 저마다 애써 가꾼 마을을 모아 기어이 안겨준다. 따뜻한 사람들이 모여 사는 이 작은 어촌 마을에서 나도 시나브로 가슴 따뜻한 사람이 되어가고 있었다.

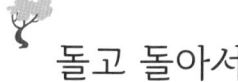 돌고 돌아서

　술잔이 돌아도 용기 없는 자의 입안에선 정의가 뱅뱅 돌다가 끝내 스러졌다. 온종일 돌아다녀도 일자리를 얻지 못한 청년의 눈에 마침내 눈물이 핑 돌았다. 초보 농사꾼인 나는 다람쥐 쳇바퀴 돌듯 대책 없이 제자리에서 5년을 맴돌고 있다.

　지구도 돌고 소문도 돌고 전염병도 돈다. 계절은 돌아서 다시 오는데 인생만이 마냥 앞으로 달려가다가 쓰러져 일어나지 못한다. 꿈과 소망으로 포장된 욕심 탓인지 모른다. 욕심을 거두면 세월 따라 봄이 찾아오듯 인생도 돌아오련만 길이 막혀 다시는 오지 못하는 것일까.

　지구가 도는데, 따라 돌지 않으면 저 혼자 돌고 만다. 돈 떨어지면 굶주려서 하늘이 빙빙 돌고 아무것도 할 수 없어 종일 방 안만 돌다가 좌절한다. 돈이 돌면 공장의 기계가 돌고 사장과 사원들의 얼굴에 생기가 돈다. 텔레비전에서는 복불복의 뺑뺑이가 돌고 토요일 저녁마다 45개의 공들이 "로또, 로또!" 비명을 지르며 정신없이 돈다. 빵 훔칠 기회를 야수던 장발장의 입에 군침이 돌 때, 돈도 잃고 명예도 잃은 남자의 머리 위에는 어두운 그림자가 감돈다.

　사관은 순찰을 돌고 사격 측정에 불합격한 병사는 완전군장을 하고 오뉴월의 연병장을 열 바퀴 돈다. 등나무 덩굴은 오른쪽으로 돌고 칡넝쿨은 기어이 외로 돌아 오르며 서로 으르렁거린다. 진창에 빠진 내 차는 헛심을 쓰며 헛바퀴를 도는데 무심한 팔랑개비 신나게 돌고 있다.

　오늘도 세상은 삐거덕거리는 듯하면서도 잘도 돌아가고 희수를 바라보는 아파트 경비 아저씨는 주차 관리 하다가 차에 치여 돌아가셨다. 인생은 어디에서 왔기에 돌아간다는 것일까. 구경 나온 사람들은, 안됐다며 수군거리다가 혀를 차면서 돌아갔다. 다들 자기 집에서 나왔으니까 집으로 돌아간 게지. 우리는 어느 집에서 나와 한세상 살다가 그리로 다시 돌아가는 것일까?

　쉬지 않고 돌아가는 양수기 덕분에 가뭄에 겨운 천둥지기에 물이 한 바퀴 돌았다. 동네 한 고팽이 휘돌아 온 박 영감이 한숨을 돌리며 내달에 있을 맏아들 혼사에 청첩장 돌릴 궁리를 해본다. 물 때문에 무거웠던 마음을 돌리니 온몸에 피가 돈다.

　사람들은 왜 돈을 내고 회전 그네와 롤러코스터를 타면서 '돌기'를 자청할까. 저는 가만히 앉아서 초밥더러 돌고 돌아라 하는 것일까? 비지땀을 쏟으며 훌라후프를 돌려대는 굵은 허리가 안쓰럽다. "미쳐야 미친다"라는 말이 있듯 돌지 않으면 살아갈 수 없는 현실인지도 모른다. 그러나 돌면 안 되는 것이 불변의 참된 이치이리라.

　시계의 분침과 시침이 돌지 않았다면 계절도 돌아오지 않았을 터이다. 물레방아 돌고 풍차도 돌아가는데 역사의 수레바퀴는 어디를 향하여 굴러가고 있는가. 그래도 도는 것은 언젠가 제자리로 돌아온다. 소문도 진원지로 돌아오고 누구를 비난한 말도 마침내 자신한테로 되돌아온다.

맷돌은 암컷만 돌고 나사도 대개 암컷이 돈다. 수컷은 무 뽑아 먹다가 들킨 놈처럼 주춤거리면서도 죽어라 하고 충성하는 어처구니를 어처구니없는 위인이라며 자위한다. 본시 세상은 그렇게 암컷이 지배해 왔었다. 여자가 나서서 선악과를 맛보곤 아담한테 먹였다. 은행이고 음식점이고 찻집, 시장 가릴 것 없이 여성들이 장악했다. 지금 세상은 그렇게 돌아가고 있다. 낡은 페미니즘은 휴지통에 던져진 지 오래다. 이리 치이고 저리 내몰리는 수컷들은 페시미즘의 늪에서 허우적거린다. 암컷들은 수사자의 이빨이 빠질 날을 손꼽아 기다려 온 것이다.

여자는 이미 무소부재이거니와 무소불위하다.

망각의 계절

어쩌다 내 인생에 끼어든 개 한 마리의 죽음이 억장 무너질 일은 아니련만 하루도 거르지 않고 이름 부르고 밥 먹여온 12년 세월이 느꺼워 말을 잊었다. 혹은 이름을 들먹일 때도 있겠지만 두 번 다시 그 이름을 부를 일은 없을 터이다. 어느 때에는 나지막하게 요절한 친구의 이름을 불러보고 오랫동안 소식이 끊긴 그리운 이들의 이름을 떠올리며 허공에 새겨보기도 하지만, 죽은 동물의 이름을 불러본 적은 없었다. 까치 한 마리가 개집 근처를 조심스럽게 두리번거리다가 죽은 개의 밥그릇에 남아있던 사료를 다급하게 주워 삼키고 있었다. 목줄을 풀어내고는 두 손으로 앞다리 하나씩을 움켜쥔 채 축 늘어진 거구를 질질 끌다시피 하여 리어카에 실었다. 옆에서 지켜보던 하릅강아지 네로가 리어카 뒤를 따라와서는 팔자에도 없는 구덩이를 파고 매장을 마칠 때까지 가만히 지켜보고 있었다. 틈만 나면 어루만져 달라고 성을 가시던 녀석이 저리 다소곳한 걸 보면 저도 분위기 파악은 하고 있었던 모양이다. 개집을 철거해야 할까 생각하다가 그만두었다. 하릅강아지 세 마리 중에 죽은 개와 털빛이 같은 흰돌이더러 거기 살라 할까.

친구의 도움으로 잃어버린 중학교 졸업 앨범의 복사본을 간수하고 있다. 앨범 마지막 장은 친구들의 메모가 넘친다. "십 년 후에 나와 함께 막걸리 나눌 친구 몇이나 될까"라는 내 낙서를 대하고 보니 어언 반세기를 격하였건만 기분이 묘하다. 예정한 시절에 나는 군대에 있었고 다시 십 년 뒤에는 비록 막걸리는 아니지만 그래도 술 좀 마시고 살았다. 그동안 여러 친구가 병마와 사고로 떠나갔다. 한때는 다정했던 이들이었건만 다시 만나지 못하니 이름마저 희미해져 간다. 구사일생한 나는 술을 멀리하게 되었다.

남아있는 세 마리의 개는 어제 무슨 일이 있었는지 기억하지 못할 듯하다. 짐승도 생각을 하는지는 알 수 없지만 어딘지 모르게 분위기가 가라앉아 있다. 어쩌면 순전히 내 기분 때문인지도 모르겠다. 세월은 하염없이 흘러도 불후의 명작이 있고 불멸의 이름도 있어 꺼지지 않는 생명을 빛내지만, 내 곁을 떠나간 이들의 이름은 자꾸만 멀어져 간다. 종종 마주치는 길섶의 풀 한 포기도 이름을 불러주지 않으면 금세 잊히는데 하물며 저세상 사람의 이름일까. 문득 어느 사찰의 심우도를 생각한다. 길을 나선 동자승이 소를 찾아 길들여 그 소를 타고 집에 돌아오나 타고 왔던 소는 간 곳이 없고 마침내는 그 자신의 존재마저 망각하게 된다는 구도의 과정을 열 가지 장면으로 묘사한 그림이다. 그 가운데서 내 허황한 이름도 아침이슬처럼 스러지기를 원한다. 망각은 저절로 찾아오기도 하지만 사람들은 한사코 망각을 위해 수도의 고행을 마다하지 않는다. 하나, 인적이 끊긴 심산에 들면 두고 온 속세의 인연과 그리움이 도의 길을 가로막을 터이니 수십 년 세월도 허사일 따름이다. 진흙탕에서 연꽃이 피어나듯 무아지경의 득도는 세속의 탁류 속에서 이루어짐을 깨닫는 시간이다.

계절은 원형이정(元亨利貞)의 섭리를 따라 어느덧 형통한 여름이다. 가뭇한 친구한테서 전화가 걸려 왔다. 예전에 자기가 건네주었던 버섯을 어떻게 해 먹었느냐고 묻는다. 저의가 수상하여 사정을 채근했다. 또 다른 친구 S가 암 수술을 받고 산속에서 요양 중이라며 그에게도 그 버섯을 권해보겠다는 거였다. 그러고 보니 내가 대장 절제술을 받고 입원해 있을 때, 친구가 먼 나라에서 가져온 자연산이라며 버섯을 주고 갔던 일이 떠올랐다. 나는 그것을 끓는 물에 우려 마시기도 하고 가루 내어 복용하기도 했었다. 겨우 14년이 지났을 뿐인데 나는 그 일을 까맣게 잊고 있었다. 그동안 좋다는 건 이것저것 몸에 들여보냈지만 어쩌면 그가 정성스럽게 마련해준 버섯 때문에 무사히 회복되었는지도 모를 일이다. 원한은 속히 잊고 은혜는 잊지 말라는 격언이 망각의 가슴을 찌른다. 씨를 뿌리지도 않았는데 싹이 트는 우정이 어디 있을까. 가꾸지 않았는데 자라는 우정은 없으련만 나는 무정하여 세월을 속였구나.

친구는 그에게 버섯을 전해주며 복용 방법도 알려주었을 터이다. 벌써 두 달이 지났지만 나는 전화 걸기를 참아내고 있다. 무소식의 망각을 기다리면서⋯.

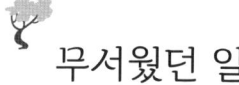 무서웠던 일

대여섯 살 조무래기 넷이 마을회관에 있는 노인당으로 달려 들어왔다. 아이들 손에는 촘촘한 모기장으로 만든 뜰채며 송사리 몇 마리가 담긴 작은 유리병 따위가 들려있었다. 아이들은 하나 없이 겁에 질린 얼굴로 한꺼번에 말을 해댔다.

"저기요, 어떤 할아버지가 물속으로 들어가서 안 나와요!"
"할아버지가 거기, 그니까 저기 빠졌어요!"
"할아버지가 있었는데 없어져 버렸어요!"

이장과 청년 둘이 아이들을 따라나섰다. 아이들은 건너몰 웅덩이 쪽을 가리키며 그 웅덩이로 이어진 논둑길을 내달았다. 추석을 하루 앞둔 네 시의 하늘은 아직도 여름 한 자락을 붙잡고 있었다. 웅덩이 가에는 달랑 진회색 작업복 윗도리와 반바지만 아무렇게나 놓여있었다. 신발이나 속옷은 보이지 않았다. 웅덩이의 수면은 무심하리만큼 잔잔했다. 러닝셔츠나 팬티 따위 속옷을 찾을 수 없고 신발조차 보이지 않는 것으로 미루어 옷 주인은 분명 근처 논둑에서 일을 보고 있겠다. 이장과 청년들은 그렇게 단정했다. 이장이 아이들을 야단쳤다.

"떽, 몹쓸 놈들 같으니라고. 빨리 집에들 가!"

아이들은 그만 울상이 되어 오던 길을 되짚기 시작했다. 이장과 두 청년이 후미진 들 쪽으로 걸음을 옮기며 입 나팔로 연신 사람을 불렀다.

"여보시오, 거기 누가 있소?"

"대답을 하시오, 대답을!"

그들은 반 시간이나 후미진 논둑들을 살피며 사람을 찾았으나 신발 한 짝도 찾지 못했다. 그들은 누가 먼저랄 것도 없이, 아이들의 말이 사실이라는 확신에 서로 얼굴을 마주 보았다. 방향을 바꿔야 했다. 이장은 회관의 마이크를 꺼내 들었다.

많은 사람이 웅덩이가로 몰려들었다. 미리 마련해 온 대나무 장대 끝에 호미를 잡아맨 수색용 갈퀴가 7, 8미터 깊이의 둠벙 바닥을 차근차근 훑었다. 둠벙은 꽤 널찍하여 일백 보를 떼어야 한 바퀴를 돌 수 있었다. 물속 깊이 장대를 집어넣어 휘젓는 사람은 땀을 뻘뻘 흘렸지만, 별무소득으로 시간만 흘러갔다. 주변 산들은 벌써 어둑해지고 웅덩이를 둘러싼 마을 사람들의 형색이 저무는 물에 비쳐 어른거렸다. 땅거미가 깃들자 웅덩이는 숨소리도 내지 않았다. 갑자기, 장대질을 하던 이가 외쳤다.

"앗, 무엇이 걸렸다!"

사람들은 약속이나 한 듯 일제히 뒤로 한 걸음씩 몸을 물렸다. 누군가가 장대질을 도와 갈퀴에 걸린 물체를 끌어 올렸다. 무엇이 불쑥 모습을 드러냈다. 그러나 그것은 진펄을 뒤집어쓴 썩은 가마니때기였다. 사람들은 알 수 없는 한숨을 토했다. 다시 장대질이 계속되었다.

한참 만에 또 무엇이 걸렸다고 했다. 장대잡이가 싱겁게 한마디 했다.

"이번에도 가마니때기인가 싶소."

그런데 더 무거운 것이 걸렸는지 혼자서는 끌어 올릴 수가 없다며 장대잡이가 도움을 청했다. 장정 두 사람이 함께 장대를 뽑아 올렸다. 사람들은 숨을 죽인 채 어두워져 가는 둠벙의 장대에 온 신경을 곤두세웠다. 사방에는 이미 어둠이 깔리고 있었다. 둠벙 물은 밤하늘을 담은 채 장대의 움직임에 따라 가볍게 일렁이고 있었다. 건너편 사람들끼리는 얼굴을 분간하지 못할 만큼 밤은 가까워지고 있었다. 장대잡이들이 외쳤다.

"올라온다, 올라온다!"

별안간 검은 물빛을 헤치고 불쑥 한 물체가 수면 위로 솟구쳐 올랐다. 무릎이 완전히 꺾어진 다리 한 짝이 갈퀴에 걸려 솟아오른 것이다. 사람들은 기겁을 하며 비명을 질렀다. 갈퀴에 오금이 걸린 정강이가 조금씩 허공을 잠식할 때마다 허벅지가 드러나고 아랫도리가 드러났다. 벌거벗은 노인의 몸뚱이에 이어 얼굴이 물 위로 떠올랐다.

어언 삼십 년이 지난 실화이다. 나는 마을 토박이로 살고 있어 그 둠벙을 지나칠 때면 옛일이 떠올라 다시금 수면을 응시하곤 한다.

이미 생명이 그치고 영혼도 떠나간 육신에 두려움을 느끼는 까닭은 대체 무엇일까.

죽음에 대한 공포감 때문이리라.

나만의 국어사전

국민[궁민]: ① 용서할 줄 모르는 어떤 백성
　　　　보기) 국민이 결코 용서하지 않을 것이다(정치가들의 상투어)
　　　　② 배고픈 백성
　　　　*궁민(窮民): 생활이 어렵고 궁한 백성

선택: 그 밖의 모든 것을 포기하게 하는 극단적인 방법
　　　*'양자택일'은 그중 가장 불리한 선택이다.

비밀: 누군가에게 말해주고 싶어 견딜 수 없이 괴로운 어떤 사실

똥집: 온갖 더러운 생각과 술수가 가득한 사람을 낮잡아 이르는 말
　　　*유의어: 똥주머니, 똥자루

강아지: (주로 제 자식이나 손주 등) 귀여운 어린아이가 성장하여 개가 되라는 저주의 말

*강아지가 자라면 개가 됨
보기) 내 강아지, 우리 강아지

국어[구거]: 개골창에 처박혀 버린 우리말과 글
　　*구거(溝渠): 빗물이나 허드렛물이 흐르는 작은 도랑

영어: (어린이와 청소년 특히 학부모 등) 많은 국민이 사로잡혀 헤어
　　나지 못하는 이상한 언어의 감옥
　　*영어(囹圄): 감옥

재수: 재수(再修) 여부가 판가름 나는 운수
　　보기) 재수 좋은 고3은 재수(再修)가 없다

돈: 돌고 돌면 빚이 정리되는 신기한 재화
　*돈이 돌지 않으면 대신 사람의 정신이 돈다
　보기) 갑은 을에게 백만 원 빚을 졌고, 을은 병에게 백만 원 빚을 졌고, 병은 갑에게 백만 원의 빚이 있는 경우, 갑이 을에게 빚을 갚고 을은 갑에게 받은 돈으로 병에게 진 빚을 갚고 병은 다시 갑에게 진 빚을 갚으면 갑을병정의 모든 빚이 사라졌으나 결국 백만 원은 최초 소유자였던 갑에게 돌아감(빚이 있으면 받을 돈도 있어야 하므로 빚만 지고 사는 인생이 되지 않도록 노력해야 함)

우유부단(牛乳不斷): 밥을 먹을 시기가 되었음에도 젖을 끊지 못하는 현상(캥거루족 현상)

선진국: (주로) 세계 도처의 약소국을 무력으로 정복하여 식민지로 만들고 그곳 백성들을 무자비하게 죽이고 탄압하며 착취했거나 인류를 돌이킬 수 없는 불행으로 몰아넣은 세계대전을 일으켰거나 이에 맞서 승리한 국가들을 일컫는 말

후진국: 안간힘을 다해 전진기어를 넣어도 후진을 거듭하는 나라

인권 문제: 강대국이 인권이라는 위선으로 약소국을 치기 위해 시도하는 상투 수법

농부: 당국이 겉으로는 '농자천하지대본'의 깃발을 내걸었으나 속으로는 계륵 같은 존재로 여기는 사회계층을 비유적으로 이르는 말

다짐: 앞으로는 절대로 그런 일이 없도록 유념하겠다는 각오를 밝히는 것
보기) (고위공직 후보 인사청문회에서) '앞으로는 결코 들키는 일이 없도록 하겠다'라고 속으로 다짐함

시장: 시장할 땐 자주 찾아오다가 막상 시장(市長)을 할 때엔 얼굴도 내밀지 않는 사람을 비꼬는 말

여의도: 기자사회의 은어로, '이현령비현령' 또는 '고무줄'을 가리키는 말
　　보기) 여의도 면적의 10배, 여의도 면적에 맞먹는
　　*여의도 면적은 윤중로 제방 안쪽까지는 2.9㎢, 한강시민공원을 포함하면 4.5㎢, 행정구역상 여의도동의 면적은 8.4㎢인데 정부에서는 2.9㎢를 기준으로 삼는다고 함. 그러나 아직도 중구난방으로 사용되고 있는데 아예 사용하지 않아야 마땅할 듯함

진실: 백제가 망하던 날, 무려 삼천 명의 궁녀가 낙화암에서 투신했으니 백제는 얼마나 어마어마한 왕국이었는가! 의자왕의 방탕함을 침소봉대한 것인가?

병원: 온갖 질병과 병원균이 모여 있는 곳
　　*의료원(의원): 의사들이 의료행위를 하는 곳

〈부인열전〉
수뢰부인: 뇌물 받은 사실을 부인
극구부인: 혐의사실을 힘주어 부인

절대부인: 극구부인과 같은 의미
과장부인: 사실을 과장하지 않았노라고 부인
소장부인: 장물을 소장한 사실이 없다고 부인
공작부인: 불의한 목적을 위해 일을 꾸미지 않았다고 부인
자작부인: 자신이 꾸민 일이 아니라고 부인
배후부인: 배후가 없다고 부인
정실부인: 사사로운 정이나 관계에 이끌려 한 일이 아니라고 부인
대신부인: 가족이나 다른 사람의 혐의사실을 대신하여 부인
개발부인: 성형수술 사실을 부인
시인부인: 시인했던 사실을 부인

고운 임 오시는가

   서둘러 아침을 먹고 비료 마중을 나갔습니다. 약속 시간을 어기고 나타난 화물차한테 고갯마루의 찬 바람이 눈살을 찌푸립니다. 내 모가치 200포를 도로에서 200미터 떨어진 농장에 떨어뜨려 달라 하니 이장님은 트럭 기사하고 알아서 하라며 낯을 돌립니다. 농장까지는 조금 비탈진 농로이긴 하지만 그다지 어려울 것이 없어 보이는데도 기사는 5만 원을 요구합니다. 칼자루를 기사가 쥐고 있으니 나는 분을 삭이느라 끙끙거립니다.

   우리 농장이 마수걸이인지라 5톤 트럭에는 비료 600포가 오롯합니다. 12톤을 실은 채로 비탈길을 내려오기엔 아무래도 무리일 듯합니다. 트럭 기사도 나와 같은 생각이었는가 봅니다. 결국 마무리를 우리 농장에서 하기로 하고 트럭은 근동으로 머리를 돌렸습니다. 400포를 부리고 돌아온다 해도 한 시간이면 낙낙할 것입니다.

   두꺼운 파카의 지퍼를 목 언저리까지 올리고 마스크를 하고 나서 밭에서 꼬무락거리며 트럭을 기다립니다. 한 시간이 흘렀는데 오는 기척이 없습니다. 기사를 호출하니, 십 분이면 도착할 거라며 자신만만합니다. 하늘은 맑아질 기미가 없고 기압이 점점 낮아집니다. 이제나저제나 다시 한 시간을 더 기다리는데 들려오는 기사의 대답이 답답합니다. 후진하다가 뒷바퀴가 배수로에 빠져버렸다는 겁니다. 아침의 결정이 후회스럽고 약속해 놓은 운임이 아까워집니다. 트럭이 농장 마당에 들어서기까지 네 시간 걸렸습니다. 마당에 들어서는 트럭에, 좌회전을 한 다음 후진하라는 수신호를 보냈는데 기사는 마당 깊숙이 들어와서 후진을 합니다. 그러잖아도 밉상인 판국에 청개구리가 따로 없습니다. 트럭이 꽁무니를 거꾸로 빼는 바람에 비료를 마당가에 쟁이려던 내 복안은 여지없이 무너졌습니다. 속에서 천둥이 울고 벼락이 치는데 기사는 더 후진할 거냐고 자꾸 묻습니다.

'그래, 더 빼라 더 빼.'

바로 그때, 뒷바퀴가 가라앉기 시작합니다. 아뿔싸, 얼마 전에 웅덩이를 메운 자립니다. 일단 비료를 내렸습니다. 가축분뇨를 발효시킨 비료라서 냄새가 꽤 견딜만합니다. 포장한 상태에서도 발효가 계속되므로 가스가 잘 빠져나가도록 포대에 뚫어놓은 수많은 바늘구멍으로 악취가 뿜어져 나오는 겁니다. 아무튼 오늘은 재수가 없는 날입니다.

트럭은 온갖 재주를 다 부려보지만 끝내 진창에서 빠져나오지 못했습니다. 오히려 더 빠져들어 헛바퀴만 돌아대는 후륜구동이 원망스럽습니다. 승용차로 5톤 트럭을 끌어낼 수 있을까 하니 어림없다 합니다. 1톤 화물차로는 어쩌면 가능할 듯도 하다기에 막내동서를 불렀습니다. 막내동서가 전화기 속에서 고개를 갸우뚱하더니 단숨에 달려왔습니다. 소형트럭이 검은 연기를 내뿜으며 발버둥을 쳐도 '5톤'은 두어 번 움찔할 뿐입니다. 하는 수 없이 견인차를 수배하고 나니 두 시가 다 되어갑니다. 함께 읍내에 나가 점심을 해결했습니다. 뜻하지 않은 가욋돈 나갈 일에 아내가 짜증을 냅니다. 트럭 기사는 제 딴에 부담스러웠던지 현장으로 돌아오는 길에 견인 비용을 걱정합니다.

  견인을 취소하고 이장님한테 사정을 해보기로 했습니다. 처음 배수로에 빠졌을 때 굴착기(백호우)를 끌고 나와 트럭을 건져준 마을주민 권 씨에게 한 번 더 부탁해 달라고 했습니다. 그러나 무한궤도 굴착기가 1킬로미터가 넘는 아스팔트 길로는 올 수가 없다고 합니다. 포장도로가 망가진다는 겁니다. 트랙터도 있지만, 고장이라며 되레 미안해합니다. 얼굴도 모르는 그와 휴대전화로 나눈 대화입니다. 출타한 이장님은 애가 타는가 봅니다. 우리 농장이 그 마을 근처에 있어 전화로 비료를 주문하게 되었을 뿐 오늘 아침에 처음 만난 이장님입니다. 마을 아래 논배미에 자기 트랙터가 있으니 그 사람을 찾아가 보라 당부를 합니다. 트럭 기사와 둘이서 권 씨를 만나러 갔습니다. 인부 셋을 데리고 집 수리를 하느라 정신이 없어 보였습니다. 이장님네 트랙터는 그 집에서도 한참 떨어진 논바닥에 있었습니다. 그는 기꺼이 트랙터와 함께 우리 농장에 와주었습니다. 그러나 좌중의 기대와 달리 트랙터는 '5톤'을 끌어내지 못했습니다. 처절한 사투를 벌였으나 트랙터마저 그 큰 바퀴로 돌부리에 검은 항서를 쓰고 만 것입니다. 트랙터의 마력이 시원찮은 탓이라며 권 씨는 자기 일처럼 안타까워했습니다. 이제는 견인차를 부르는 수밖에 없습니다. 권 씨가 자신의 단골 업소를 통해 반값에 견인차를 불러줍니다. 그 무렵 출타했던 이장님이 달려왔습니다. 대형 견인차가 몇 번 힘을 쓰자 트럭이 쑤욱 빠져나옵니다. 후륜구동, 정말이지 밥맛없습니다.

　트럭이 무사히 빠져나올 때까지 이장님도, 권 씨도 자리를 뜨지 않습니다. 약속대로 트럭 기사한테 운임을 건네니 한사코 받지 않으려고 합니다. 모두들 기사더러 운임을 받으라 합니다. 나는 문득 이 이상하고 낯선 풍경에 가슴이 뭉클해집니다. 이장님과 권 씨와 트럭 기사는 비록 오늘 처음 만났지만 나에게 십년지기로 다가왔습니다.

　나는 홀로 남아 크고 작은 바퀴 자국이 어지러운 진창을 둘러봅니다.

　참 아름다워 보입니다. 그들이 남겨두고 간 자취에 취하여 나는 어둠이 다가오는 농장마당에 마냥 서있었습니다.

　연둣빛 바람결에 봄소식은 매화꽃 향기로 벙글어지고 있었습니다.

　고운 임, 내 맘에 오십니다.

불신의 벽을 허물고

　현장 관리자가 코로나19에 감염되어 1주 동안 격리 처분을 받았다. 우리는 그에게 작업 실적을 보고하는 것으로 일과를 마무리했다. 며칠 후, 나는 한 동료와 병문안을 의논했다. 그와 대면할 수는 없지만, 저녁이라도 한 끼 마련하여 '배달 음식'으로 건넬 생각이었는데 뜬금없이 이상한 소문이 들려왔다. 자기의 부재를 기화로 우리가 건성으로 일을 하고 있어 불쾌해한다는 소문이었다. 나와 동료는 미련 없이 위문 계획을 접었다. 아니나 다를까, 1주가 지나 출근한 그의 일성은 소문을 그대로 증명하고 있었다. 우리의 근무 자세에 서운한 점이 있었더라도 "제가 없는 동안 애쓰셨습니다"라는 한마디는 사치스러운 기대였다. 그렇게 코로나는 내게 '배려'의 의미를 돌아보는 시간을 마련해 주었다.
　해가 바뀌어 다른 일자리에서 새로운 동료들을 만났다. 동료 넷 중에 한 사람이 감염되어 격리 치료에 들어갔다. 다행히 완치하여 우리와 합류했는데 얼굴이 말이 아니었다. 처음에는 목이 좀 따갑다 했더니 급기야 목구멍이 찢어지는 통증이 엄습했다고 한다. 아니, 쌩쌩한 젊은이가 그 지경이었다니…. 내가 걸린다면? 아마 무사하지 못할 터이다. 그는 분명 완치판정을 받고 일터에 복귀했지만 나는 쉽사리 꺼림칙한 기분을 떨쳐버리지 못했다. 내가 꼬박꼬박 마스크를 챙기는 까닭은 다른 사람으로부터 나를 보호하는 것에 그치지 않고 보균자일 수도 있는 나로부터 주위 사람들을 지켜줘야 한다는 의무감 때문이기도 하다. 지난 3년 동안 우리 내외가 소비한 마스크는 2천 개는 될 것이다. 집 안 곳곳에 쌓여있는 마스크 재고도 1천 개가 넘을듯하다.

　나는 3차 접종 후 4차 접종을 미루고 있다. 3차까지의 접종 후유증에 몹시 시달렸기 때문이다. 나는 당뇨, 고혈압에 신석증까지 두루 겸비한 '완전한 기저 질환자'이기에 거리 두기와 마스크 착용을 착실히 지키며 제법 조심하며 지냈다. 4차 접종에 대한 불신감도 은연중 발길을 잡았다. 나는 사망자의 대다수가 60대 이상의 기저 질환자라는 보도가 나올 때면 겉으로는 태연한 척했다. 어느 날은 느닷없이 기침이 나고 열이 올랐다. '마침내 올 것이 오고야 말았구나' 하는 불길한 예감에 영혼이 탈탈 털린듯한 허탈감에 주저앉고 말았다. 체념하며 검사를 받아보니 뜻밖에도 음성이었다. 돌이켜 보면 기저 질환에 시달리는 6학년 졸업반의 근심이 자욱한 안개가 되어 걷히지 않은 나날이었다.

　코로나바이러스는 둥근 모양인데 세상은 점점 꽈배기가 되어가는가 보다. 확산을 막지 못한 책임은 처음부터 정부 몫인데 특정 단체나 개인의 부주의와 과실에 덤터기를 씌워 비난하고 매도하지는 않았는지 묻고 싶다. 새 정부는 빚과 생활고에 시달리며 막다른 골목에 내몰린 시민을 전폭적으로 도와야 한다.

  노래방 구경이 언제였나 싶다. 나는 매일 같은 야근에 주말 근무를 밥 먹듯 하던 보건소 친구만 생각하면 죄인이 되었다. 코로나19 탓이다. 억눌렸던 가슴을 펴고 목청껏 애창곡을 뽑아볼 상상이 즐겁다. 한데, 이제 한숨 돌리려나 했더니 꺼져가던 불씨가 되살아나듯 새로운 변종이 허술한 거리를 야수며 활을 겨눈다.

  그동안 코로나19의 가장 큰 전파자는 '감염된 건강한 국민'이었다고 생각한다. 증세가 나타나지 않으니 본인이 감염된 줄 전혀 알지 못한 채 대명천지 활보를 했으니 말이다. 만에 하나 코로나가 재확산 된다면 아무 증세가 없는 사람도 빠짐없이 검사를 받도록 해야겠다.

  코로나19가 모든 것을 어지럽히고 말았다. 우리는 마스크 너머로 실눈을 하고서 서로를 불신하게 되었고 하루 벌어 하루를 살아가는 소시민들은 세상을 한탄하며 굳이 원망의 눈빛을 감추려 하지 않는다. 이윽고 세계는 불황의 늪으로 빠져들고 있다. 이것은 바이러스의 반란이 아니라 어지러운 인간 세상의 과보이지 싶다. 어디서부터 꼬이기 시작한 걸까. 우리 자신을 되돌아 반성하지 않는 한 바이러스는 인간의 과학 문명을 비웃으며 늘 앞서서 변이를 일으킬 터이다. 코로나19가 인간에게 보내는 메시지는 무엇인가?

  그것은 바로 사랑과 배려가 아닐까? 소통이 없는 거리에는 생명이 없다.

정직한 거울

　두 달을 함께 일한 네 사람의 짧은 인연이 아쉬워 동지팥죽으로 나누는 송별 인사가 소박하여 정겨웠다. 동지팥죽을 먹으면서 이스라엘 백성의 유월(逾越)을 떠올려 보았다. 애굽(이집트)에서 430년 동안 종살이하던 이스라엘 백성이 여호와의 명에 순종하여 집집마다 어린양을 잡아 그 피를 문설주와 인방에 발랐다. 그 밤에 온 애굽의 사람이며 짐승이며 처음 난 것은 모조리 죽임을 당했으나 어린양의 피를 바른 이스라엘은 무사하였다. 내 어린 시절에는 어머니가 동지팥죽을 쑤어 "휘이 휘이" 하며 큰방과 작은방의 문설주와 바람벽의 중방에 뿌리셨다. 그 풍습은 아무래도 애굽에서 탈출하기 전날 밤에 이스라엘이 양의 피를 뿌린 것에서 유래된 듯하다. 오늘 먹은 동지팥죽은 이스라엘의 유월을 비춰본 거울이었다. 우리 조상님들은 팥죽이라도 뿌렸는데 나는 대체 무엇으로 뿌림을 받아 죽음의 신에서 벗어나 유월할 수 있을까.
　거울, 거울은 내 모습을 기억하고 있다. 거울에 비친 순간, 나의 모습은 거울이 아니라 내 눈동자에 눈부처로 각인되었으련만 나는 그 아침의 나를 기억하지 못한다. 애써 선한 표정을 지으며 하루의 세계를 꿈꾸어 결의에 찼던 나는 중증 건망증에 걸린 게 틀림없다. 아마도 나는 내일 아침에도 오늘과 꼭 같은 일상을 반복할 터이다. 스스로 울타리를 치고 그 카테고리에 갇혀 맴을 도는 낡은 패러다임의 노예를 석방하지 못할 것이다.

스마트폰을 들여다보다가 뜨거운 커피를 한 모금 마시자니 돋보기 안경에 김이 서려 눈앞이 흐릿해진다. 안경은 오직 상대를 비춰보기 위해 눈을 끔뻑이며 목을 늘인다.

거울은 살인자의 얼굴을 기억하고 있을 터이다. 다행히도 나는 살인자가 누구였는지 기억하지 못한다. 망원경과 현미경은 일란성이다. 침소봉대의 철학으로 밤을 지새우다 발뒤꿈치를 잡힌 망원경은 현미경의 비밀이다. 나는 그 어디쯤의 골목에 숨겨져 있는 감시 카메라이다. 태양과 별들만이 돌고 있다는 주장의 허실과 지구의 비밀을 알아내려는 의도는 본디 내 복안이 아니었다. 보이지 않는 사물을 볼 수 있는 망원경과 현미경은 없다. 내 안을 들여다보는 장치도 세상에 없다. 사람의 속을 투시하는 거울은 천상천하에 오직 하나뿐인 창조주의 거울이다. 업경대는 불교의 잠언이다. 성경에는 죽은 자들이 흰 보좌 앞에서 펴 놓인 책들로 자기 행위에 따라 마지막 심판을 받는다고 기록되어 있다.

나이가 들어가니 내 옷을 내가 사는 일이 없어졌다. 아내가 가끔 사주는 옷이 몸에 맞는 까닭은 궁금하지 않다. 편리함을 내세워 곰팡이의 번식을 부추기는 검정 장화는 내가 산다. 거울이 점점 내게서 멀어져 가고 있다는 증좌이다. 그러나 진리를 깨달으면 나 자신이 나를

귀신은 무얼 먹고 사나

포함한 사물의 진면목을 비춰보는 거울이 된다. "아침에 도를 들으면 저녁에 죽어도 좋다"라고 말한 공자는 예악(穢惡)의 거울에 세상을 비춰보았으나 끝내 자신의 거울을 짓지 못했던 것이리라.

범종과 법고는 각기 중생과 길짐승을 제도하고 목어는 물고기를, 운판은 날짐승을 극락으로 인도한다는데 오계(五戒) 가운데 불살생인즉 법고의 쇠가죽 우는 소리가 엄숙하여 오히려 허탄하다. 자신은 밍크코트를 애용했을 뿐, 밍크들을 죽이는 데는 조금도 관계가 없다는 강변을 듣는다. 운전하다가 실수로 사람을 치어 죽게 하면 무죄인가? 길을 걷다가 부지중에 개미를 밟아 죽이거나 갑자기 찻길을 가로지르던 노루를 죽게 하는 건 살생이 아닌가? 고사리를 꺾어 나물을 해 먹는 건 살생보다 더 악할 수 있다. 멀쩡한 사람의 지체를 잘라내는 것이나 한가지가 아닌가.

현상에 얽매이면 본질을 잃는다. 돼지고기를 먹지 말라는 구약성경의 율법을 처절하게 지키는 신앙인들이 있다. 본질을 깨닫지 못하여 맛있는 돼지고기를 입에도 대지 않으니 답답하다 못해 어이가 없다. 어리석은 자여, '돼지'가 어찌 죄를 범하여 그 고기가 부정하겠는가? 만물 가운데 인간만이 죄를 짓는다. 죄를 짓고도 깨닫지 못한 인간이 개돼지이다. 비늘 없는 물고기는 그물에 걸려도 다시 물에 버려져 목숨을 부지하건만 세상을 비웃는다. 동물을 죽이는 것은 살생이고 파리나 모기를 박멸하며 농약을 살포하고 소독을 하는 행위는 살생이 아니랄 작정인가? 상추를 뽑아 쌈을 싸 먹고 고구마를 삶아 먹는 것도 어김없는 살생인즉 이 모든 어리석음은 역시 본질을 자각하지 못한 무지의 소치이다.

　살생은 살인의 다른 표현일 뿐, 살인의 포괄적 개념으로 쓰이는 말이 아니다. 중생들이 억지 방생을 행하는 마음 자세라는 게 제비 다리를 부러뜨려 싸매어 준 놀부의 심보와 별반 달라 보이지 않는다. 방생용으로 팔기 위해 양식한 자라나 미꾸라지를 사서 강물에 놓아 주고는 자신의 자비심에 경의를 표하며 스스로 대견하여 돌부처 앞에서 감격하는 군상의 억지에 말을 잃는다. 방생한 자라는 물이 설어 서러워서 죽었다.

　성경은, 후일에 어떤 사람들이 성경을 오해하여 결혼도 금하며 식물을 폐하라 할 것이라고 예언하면서 하느님의 지으신 모든 것이 선하매 식물(食物)을 감사함으로 받으면 버릴 것이 없다고 가르치고 있다. 그러고는 말씀과 기도로 거룩하여진다고 했는바 이는 진정 음식물에 관한 교훈일까? 입으로 들어가는 것은 더럽지 않다. 그 입에서 나오는 것이 더럽다. 성경은 살인자를 명확히 정의하고 있다. 형제를 미워하는 자가 살인하는 자이다. 인류 최초의 살인자라고 하는 카인은 악의 세계에 속해 그 아우 아벨을 미워하여 죽였다. 돼지가 미워서 그 고기를 먹는 사람은 없다. 상추가 미워서 뽑아 먹는 사람도 없다. 그러므로 돼지고기를 먹고 상추를 먹는 것은 살생이 아니다.

　〈백설공주와 일곱 난쟁이〉에 나오는 거울은 정직하다. 그러나 그 거울은 참을 볼 수 없었기에 공주가 죽고 나자 사악한 왕비가 이 세상에서 가장 아름답다고 말했다.

떨어진 별 이야기

시골에 살면서도 별을 헤아려 본 지도 오래되었군요.

오늘 밤처럼 하늘을 오랫동안 쳐다본 적이 언제였던가 싶어요. 이 밤에 케페우스와 카시오페이아 부부도, 그들의 딸 안드로메다도 그대로인데 해 돋는 곳에서 온 사람이 별들이 다 떨어져 버렸다는 이상한 소식을 전해주었어요.

별을 따려고 장대를 챙기지 않아도 상관없어요. 별들은 대풍에 설익은 과일이 우수수 떨어지듯 그렇게 다 떨어져 바다에 빠졌네요. 용궁에 들어가면 별들을 주울 수 있지만, 잠수복 없이도 용궁에 들어가 용왕과 담판을 벌일 수 있는 용기 있는 사람을 찾아야 해요. 혹 마을 어귀의 개천에 떨어진 별은 바짓가랑이만 걷어도 손쉽게 건져 올릴 수 있어요.

쿠데타를 일으킨 별들이 실패하여 체포되거나 뇌물 먹은 별들이 파면되고 재판받아 철창에 갇히면 별이 떨어졌다고 하지요. 바다에 떨어진 별들도 그런 똥별이지만 쓸만한 게 있을지 모르니 강력세제로 잘 씻어서 고들고들하게 말려보아요. 간혹 땅에 떨어진 별이 발길에 차일 수도 있어요.

별들이 떨어지지 않은 2천 년 긴긴 세월이 목말라 "하늘아 무너져라, 잔별아 쏟아져라" 하고 노래를 부른 이도 있었지요. 하늘에서 떨어진 사연이 궁금하여 바다에서 건져 올린 큰 별한테 물어도 대답하지 않네요. 오히려 내게 반문했어요. 우리더러 왜 하늘에서 떨어졌다 하느냐고. 아무튼, 새로운 별들이 빛나기 전에는 '별 볼 일 없는 하늘'이어요. 그러다가 아침이 오고 사람들의 속에 태양이 떠오르면 정말이지 별 볼 일 같은 건 없어지겠네요.

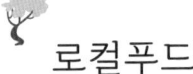 로컬푸드

　이제는 애써 지은 농산물을 잘 파는 농부가 알짜배기 농부입니다. '팔아먹는다'라는 말이 시골 농사꾼의 귀에도 예사롭게 들리지 않습니다. 여름내 가꾼 배추를 다듬고 포장하여 로컬푸드 판매대에 진열하는 속내가 그리 편치는 않습니다. 품질은 귀한 집 도령인데 어쩌면 도매가보다 더 낮은 가격일지도 모릅니다.

　낯익은 얼굴들이 누가 먼저랄 것도 없이 인사를 건넵니다. 오늘도 때깔 좋은 얼갈이배추를 안고 온 박 씨, 기관총 탄피처럼 기다란 가격표를 뽑아 들고 바쁜 걸음을 옮기는 아주머니는 이것저것 많이도 챙겨 왔나 봅니다. 벌써 좌판 하나를 차지한 최 씨는 어른 머리통만 한 매끈한 무에 1,500원짜리 가격표를 붙였습니다. 재 너머 남촌댁은 돼지감자가 별 인기가 없는 모양이라며 제풀에 무안한 얼굴이 됩니다. 당뇨와 다이어트에 효과가 크다는 '영물'을 몰라주는 소비자가 죄입니다.

　거의 모든 농산물이 헐값 수준입니다. 탄탄하고 씨알 굵은 배추 세

포기를 담은 그물망에는 삼천 원의 가격표가 붙어있었습니다. 계산대의 여직원이 내 넋두리를 들었는지 위로합니다.

"그래도 잘 팔리니 신바람이 난다고들 해요."

단돈 일만 원짜리 밀감 상자를 내려다보며 마음이 무거워지기도 하지만 우리 동네에 로컬푸드 판매장이 생겨 얼마나 다행스러운지 모릅니다. 언제라고 내가 가꾼 도라지며 배추를 장에 내다 팔아본 적이 있었겠어요. 장사에 숙맥인 나 대신 농협이 나서서 이것저것 팔아주니 고맙기 그지없습니다. 10%의 판매수수료로 로컬푸드 운영경비에 충당이나 되는지 의심스럽기도 합니다. 수수료가 저렴하니 출하농민도 판매가를 더 낮출 수가 있습니다. TV홈쇼핑에 판매를 의뢰하면 판매대금의 40% 정도를 수수료로 떼어 간다고 합니다. 시중의 마트나 슈퍼마켓도 20~30%의 마진은 남길 것이라 추측해 봅니다. 음식점의 경우에는 절반은 남겨야 그럭저럭 운영된다는 이야기를 들은 적이 있습니다.

우리 농업도 서둘러 6차 산업으로 활로를 찾아야겠다 싶습니다. 일본에서는 농민이 생산한 농산물을 직접 가공하여 판매하는 시스템이 정착된 지 오래라고 합니다. 대부분의 시골 마을은 주민들이 공동으로 가공시설과 판매장을 운영하고 있습니다. 부가가치를 높이니 소득도 그만큼 높아지겠지요. 마을들은 쾌적하고 아름답게 보전되어 도시민이 즐겨 찾는 체험 관광지가 되어있습니다.

'로컬푸드'는 지역민에게 지역에서 생산한 싱싱한 농산물을 염가로 공급하는 한편, 생산자의 신상을 정확히 공개하여 품질을 보증하고 있습니다. 도매가격과 맞먹는 저렴한 가격책정이 가능한 까닭은 생산자와 소비자가 바로 만나는 직거래 때문입니다. 값이 싼 것은 그렇다 쳐도 전국이 반나절 생활권에 접어들어 강원도 산골에서 생산된 싱싱한 농산물을 어디든지 그날에 선보일 수 있는데 구태여 지역 농산물 운운할 것까지는 없지 않으냐고 반문하는 소비자도 있습니다. 물류비용은 어쩌고요?

사실 '로컬푸드'의 가장 중요한 보물은 따로 있습니다. 바로 지역경제 활력 회복입니다. 지역 농민이 농산물을 팔아 번 돈은 다시 지역 안에서 소비됩니다. 돈이 외부로 빠져나가지 않고 지역 안에서 돌고 도니 누이 좋고 매부 좋은 격이지요. 아 참, 로컬푸드는 지역에서 생산한 수산물과 수산가공품도 직거래합니다. 백화점이나 대형마트도 일부 농수산물을 지역에서 구매한다고는 하지만 시쳇말로 '병아리 눈물만큼'이고 지역 주민이 구매대금으로 치른 거의 모든 돈이 밖으로 빠져나갑니다. 모이는 우리 지역에서 주워 먹고 알은 엉뚱한 곳에 낳는 셈이지요.

내가 나 자신을 존중하지 않으면 누가 나를 존중해 주겠습니까. 주인이 자기 집 개를 학대하면 남들도 당연하다는 듯 학대합니다. 지역 사람이 자기 지역 사람들이 만들어낸 상품이나 농수산물을 사주지 않으면 다른 지역 사람들은 아예 쳐다보지도 않게 됩니다.

지난해 9월에 문을 연 로컬푸드 판매장, 이 아담한 가게도 '자그마한 사회'인지라 벌써 기득권층이 형성되었습니다. 목이 좋아 보이는 판매대마다 사진을 넣은 명찰을 붙여놓고 텃세를 과시합니다. 농협 입장에서는 계속해서 많은 판매고를 올리는 농민을 우대하는 것이 당연하겠지요. 나 같은 무지렁이는 늘 빈자리 찾기에 급급합니다.

'명당자리' 때문에 어느 시골에서 끔찍한 살인이 벌어졌습니다. 건너편 포장마차의 이간에 흥분한 지독한 이기심이 '도끼장수'의 이성을 마비시킨 결과입니다. 이 작은 사회 안에서도 때로는 불쾌감이 일기도 하지만 로컬푸드에 입점한 농어민은 동료 또는 동지라는 운명공동체가 되었으니 보이지 않는 배려와 양보를 통하여 질서가 유지되고 있습니다. 공동체 안에서는 파렴치한 이기주의가 용납되지 않습니다. 조금 곤란한 경우에는 듬직한 관리자(농협)가 나서서 해결합니다.

오늘도 나는 힘들여 캐낸 도라지를 정성 들여 조제하고 포장합니다. 행여 빨강배추 이파리에 흠집이라도 생길까 조심합니다. 짜증을 내거나 한숨을 쉬면 그 나쁜 기운이 도라지와 배추에 배어들지도 모릅니다.

그나저나 밭을 둘러보니 빨강배추도 얼마 남지 않았습니다. 고객님!

뭐 눈에는 뭐만

"이 지역은 불법주정차금지구역입니다."

네거리 앞에서 신호를 기다리는데 불법주정차를 금한다는 영상 자막이 뜬다. 20여 년 전에 내가 지적했던 잘못된 표현이 아직도 고쳐지지 않은 현장이다. 늘라는 글솜씨는 제자리걸음이고 시력은 연년이 낮아지는데 오탈자나 문장 오류는 금방 눈에 든다. 뭐 눈에는 뭐만 보인다더니 내가 딱 그 꼴이다. 청년 시절부터 시작하여 점차 몸에 배어든 습관이 어느덧 병이 되었다.

국한문을 혼용하던 시절, 상급기관장의 초도순시에 맞춰 업무보고서 초안이 작성되었다. 기획실에서는 심혈을 기울인 초안을 관련 부서와 박학다식한 원로들에게 보내 교열을 요청하였다. 나는 그 기획실 요원이었지만 맡은 일이 따로 있었다. 관련 부서와 원로들의 검토를 거쳤으나 '더는 손볼 곳이 없는 초안'이 최종안으로 확정되기 직전, 보고서작성 책임관으로부터 우리 부서원 전체에 득의에 찬 제안이 공표되었다. 보고서 최종안에서 혹시라도 오탈자나 오류를 찾아내는 직원에게는 건당 2만 원을 지급한다는 내용이었다. 당시 짜장면값은 1,200원이었다. 나는 만만치 않은 분량의 초안을 복사하여 흠 찾기에 나섰다. 그 밤에 무려 서른 군데가 넘는 오류를 찾아냈다.

그 가운데 하나가 바로 '불법주정차금지구역'이었다. 나는 70여만 원의 포상금을 요구하였으나 벽두부터 예기치 못한 반발에 부딪혔다. 책임관은 물론이려니와 모두들 '불법주정차를 금지하는 구역'이라는 지당한 표현이 잘못되었다는 내 주장은 트집 잡기에 불과하다며 되레 공박하고 나선 것이다. 사태가 엉뚱하게 전개되다 보니 '맡은 바 소임(所任)'도 '역전 앞'과 같은 중복 표현이라는 지적은 명함도 내밀지 못할 지경이 되었다. 한나절 입씨름 끝에 겨우 절반이 수용되었으나 포상금은 고사하고 싸구려 공치사도 받지 못했다. 러시아워의 '교통체증(交通遞增) 현상'이 아니라 '교통체증(交通滯症) 현상'임을 설득시키는 데도 끈질긴 설명이 필요했다. '주정차금지구역'은 있어도 '불법주정차금지구역'은 없다. '잔잔한 감동'은 있어도 '잔잔한 물결'은 있을 수가 없다.

조직사회에 '집단질투'라는 게 존재한다는 사실을 어렴풋이 깨닫는 사건이었다. 갑자기 이방인이 되어버린 기분을 떨쳐버릴 수가 없었다. 그 일로 나는 회심의 미소를 짓고 있는 상대의 의표를 찌를 때에는 무딘 창을 사용해서는 안 된다는 교훈을 얻게 되었다. 사람들은 칭찬에 손사래를 치면서도 속으로는 반기고, 아낌없는 지도편달을 청한다면서도 막상 자신의 잘못은 선뜻 인정하지 않으려는 습성이 있다. 달게 받겠다는 말은 그다지 신용이 없기에, 지적하여 깨우쳐주려는 마음이 조심스럽기만 하다. 무시당했다고 생각할 수도 있기 때문이다. 어느 수필 전문지는 문장 오류가 심각하였다. 글을 읽어가며 연필로 밑줄을 긋다 보니 온 밭이 쟁기질로 난장판이 되었다. 작가들이 투고한 글을 출판사가 마음대로 손을 보기도 무엇하겠지만 아무래도 출판사의 무책임을 탓하지 않을 수 없다. 게재할 작품들을 한 번쯤이라도 검토는 하는지 의심스럽다. 출판사가 앞장을 서서 수필의 품격을 떨어뜨리고 있는 꼴이다. 그러면서도 소설가나 시인들이 수필을 폄하한다고 성토할 수 있을까. 부끄러워 낯이 뜨겁다. 나는 수필의 문학성을 이야기하려는 것이 아니다. 글의 기본 곧 독자에 대한 예의를 말하는 것이다. 의관을 갖추지 못한 사람이 그 벗은 몸으로 바깥출입을 한단 말인가. 독자를 만나기 전에 자신의 차림새부터 돌아볼 일이다.

'는가'는 종결어미인데도 많은 작가들이 연결어미 '는지'를 쓸 자리에 마구잡이로 들이대고 있다. 가령, "얼마나 잤는가 모르겠는데 어찌나 시끄러운가 잠을 깨고 말았다"라고 한다. 문장의 술어가 딴짓을 하고 있는 경우도 자주 눈에 띈다. 나는 수필 작품들에 나타나는 오탈자나 맞춤법 오류에 예민한 반응을 보인다. 워드 작업을 하다 보면 띄어쓰기를 비롯하여 맞춤법에 어긋난 곳에는 붉은 밑줄이 나타난다. 십중팔구 틀린 것이니 확인하여 고치면 된다. 간혹 컴퓨터가 알아서 수정을 해주는 경우도 있다. 자신이 쓰는 낱말이 의심스러우면 마우스를 끌어 곧장 낱말 풀이를 볼 수도 있다. 그런데도 맞춤법 오류와 어색한 문장이 넘쳐나는 상황을 납득하기 어렵다. 낡은 문서 작성 프로그램을 쓰고 있어서인지도 모르겠다.

뛰어난 작품일지라도 서두부터 맞춤법 오류가 보이고 문장의 흐름이 막히면 독자는 책을 던져버릴 것이다. 문학작품은 독자와 만남으로 생명을 얻는다.

고향 한 조각 끌어안고

백구가 또 큰 쥐를 잡아 아침 마당 한가운데에 자랑해 놓았다. 머리를 쓰다듬어 주니 한껏 고무된 눈빛이다. 백구가 쥐를 잘 잡기는 하지만 요즘의 눈부신 활약이 의심스럽다. 닭 모이를 노리는 참새 떼가 부쩍 늘었다. 진돗개들의 사료를 챙겨 들기 바쁘게 낯선 직박구리들이 먼저 소란을 피운다. 여기저기 사람 떠난 이웃에서 몰려든 난민들임을 어렵잖게 짐작할 수 있다.

집 앞 감나무밭에 나가 망연히 서있는 시간이 길어졌다. 몇 군데 자생하고 있는 까치무릇을 따로 챙겨보리라 작심한다. 한창나이라서 보추가 있어 뵈는 오갈피나무, 살구나무, 복분자나무, 석류나무, 뽕나무들은 대토로 옮겨 갔다. 저마다 고향의 흙 한 삼태기 머리에 이고 좋은 날을 잡아 사십 리 낯선 땅으로 이사를 한 것이다. 늙은 감나무밭은 내버려둘 요량이라 탱자나무 울타리와 함께 순장될 운명을 기다리고 있다. 다가오는 비운을 알았는지 담장에 기대선 늙은 목련은 가지마다 짙은 녹음을 가꾸며 애써 태연하건만 슬픈 표정이 역력하다. 텃밭의 저 우람한 비파나무 형제, 집 앞 전봇대보다 더 높아 뵈는 화단의 종려나무 한 쌍은 어찌해야 좋으냐. 난감하고 딱한 노릇이다. 진돌이와 한송이의 진돗개 다섯 식구는 어디로 데려가야 하느냐. 저 돌절구통과 한 섬들이 물두멍과 올망졸망한 장독대는….

 파묘(破墓)를 하던 중 관 뚜껑에 얼핏 칙칙한 진펄 기운이 비치자 사태가 심상치 않음을 직감한 일꾼들이 난처한 얼굴이 되어 멈칫거리더니 목이 긴 고무장갑을 챙긴다. 함께 삽질을 하던 나는 열댓 걸음을 물러나 지레 외면하였다. 6년 반이 지났건만 수렴(水簾)을 받아 육탈(肉脫)되지 못한 아버지의 그슬린 듯한 유체가 검은 구름 위태로운 하늘 아래 길게 누여졌다. 나는 '발복(發福)'이다 '동기감응(同氣感應)'이다 하는 풍수학을 달가워하지 않지만 자연으로 돌아가지 못한 저 육신에 아버지의 영혼이 77년을 함께하였다는 생각이 스치자, 파헤쳐진 봉분 가장자리에 한참을 얼어붙어 아버지의 유체에서 눈을 떼지 못했다. 친정아버지의 유언을 이루어드려야 한다는 아내의 강단(剛斷)으로 장인어른 산소 지척에 아버지를 모시고서 돌아서는 눈앞에 금방 안개가 내려앉았다.

 내 나이 여섯 살 적에 아버지는 제금을 나셨다. 아버지는 청년 시절 두어 달 '어깨너머 야학'이 글공부의 전부라고 하셨다. 나는 그 아버지한테서 온전히 '가갸거겨'를 배웠다. 온 식구가 등잔불 아래서 저녁을 먹고 나면 아버지가 손수 바람벽에 써 붙여놓으신 가갸거겨를 차례차례 대나무 잣대로 짚어나가실 때마다 형과 나는 큰 소리로 따라 외웠다. 이제 아버지는 고향 산천 한 자락 걸머메고 먼저 떠나신 것이다.

동네 깊은 우물에서 물을 길어 무거운 물동이 머리에 이고 힘겹게 고샅을 돌아오는 새색시 형수님이 안쓰러워 무작정 부엌 앞마당을 파기 시작했었다. 날마다 구덩이는 깊어가건만 물빛 없는 깊은 바닥은 사람의 애를 태우고 그렇게 한 달을 시커먼 무저갱과 싸우며 15미터를 파 내려갔었다. 두 달 고생 끝에 새벽녘의 우물 속에서 들려오는 '풍덩' 하는 소리에 귀를 의심하며 뛰쳐나갔었다. 그러나 팔방미인 지아비의 역마살 함흥차사에 생이별의 모진 세월을 이겨내지 못한 형수는 끝내 자신의 이름 석 자를 거두어 가고 말았다. 아흔 가구 우리 동리에서 가장 깊은 이 우물도 머지않아 흔적도 없이 사라지리라.

나는 청려장 만들 실한 명아줏대를 집 모퉁이에 세워둔 채 병든 어머니를 낯선 요양 시설에 떠맡기고 이따금 잠시 찾아뵙는 불효의 계절을 보내고 있다. 비 맞은 명아줏대에는 거뭇거뭇 곰팡이가 피었고 돌보지도 않은 남새밭에는 튼실한 명아주가 또다시 지천이건만 이제는 거동이 불가한 어머니를 슬퍼하며 나는 지팡이 만들 생각마저 잃었다.

사람들은 도시 생활에 전혀 어울리지 않는다 하여 옷장과 서랍장, 침구와 웬만한 옷가지를 다 내버려두고 밥상마저 두고 갔다. 고물상이 훑고 지나간 빈집들의 바람벽은 여기저기 처참하게 파괴되고 알루미늄 새시며 창틀이 뜯겨 나갔다. 유리 파편이 낭자한 주인 떠난 이웃집 마당가에는 늙은 감나무가 홀로 남아 변함없이 푸르다.

사람들만 떠나면 그만인 줄 알았다. 집쥐도 도둑고양이도, 길섶과 들녘에 숨어 살던 야생동물들도 다 떠나야 하는 줄은 미처 몰랐다. 사람들만 타관에 나가 터 잡고 살면 되는 줄 알았더니 오래된 나무들은 고향과 최후를 함께해야 하리라는 것을 나는 생각지 못했다.

'꼬랑뜸' 사람들 절반이 빠져나갔고 '뒤첨'은 벌써 적막에 묻혔다. 그들은 저마다 고향 한 조각씩 이고 지고 별다른 말도 없이 가버렸다. 400년 터전, 사방 2킬로미터의 강역 내 고향 '삼동마을'은 변죽에서부터 무쩍무쩍 비어져 나가고 있다. 내가 쟁기질을 배우던 아버지의 웃골 들도, 지긋지긋한 오뉴월의 뙤약볕을 피해 옥수수 대궁이로 갈증을 달래시던 장인어른의 '깨금밭등'도, 폰남젱이·서재밑·꾸정물·건너물·안뜰·자시랏·개명창·사네미·애모리 들녘도 머지않아 내 가슴속에만 남아 저물어가리라 하였다.

오직 한 곳, 마을 앞 전봉산 서북 능선 끝자락의 '굴바위'는 능히 천년 세월을 견디리라. 그곳은 마냥 수줍었던 내 손길이 첫사랑의 심박동을 범하였던 곳. 내 가슴이 터질 듯 쿵쾅거렸던 첫사랑의 산마루. 우리들의 풋사랑은 두 아들로 성장하고 숱한 아픔과 모진 세월의 비

바람을 오래 참음으로 견디어 이제 저 높은 곳을 향하여 절대자께서 바라시는 아름다운 열매로 익어가고 있으니 굴바위는 능히 천년의 증인이 되리라. 내 너를 보러 늙은 아내의 손을 잡고 반드시 돌아오리라. 그러나 세월은 무정하고 오직 천상의 진리만이 영원함을 깨달은 바에야 한사코 돌아올 그날을 따로 기약하지는 않으리라.

 # 나는 어느 과원의

꽃은 다시 피어나고 스러졌던 별들은 여명을 가늠하며 운행을 계속합니다.
바람은 사라진 듯 불어오고 구름은 쾌청한 하늘가에 태연히 일어납니다.
그러나 가버린 인생은 소식이 없습니다.
세월은 육체의 그림자마저 공중에 흩어버립니다.
허다한 인생이 백수를 갈망하나 한번 져버린 인생은
사방에 온기가 넘쳐도 싹을 내지 못합니다.
나무들은 장구한 시간을 좇아 천년과 또 천년을 노래하건만
만물의 영장은 나무들의 역사를 기록하지 못합니다.

사람들은 죽은 자의 영혼이 천국에 올라갔다고 믿습니다.
어떤 자들의 영혼은 지옥에 떨어졌을 거라고 우깁니다.
인생은 저 꽃처럼 다시 피어날 수 있을까요.
자유로운 영혼이 되어 바람처럼 사랑을 고백할 수 있을까요.
구름의 시인이 되어 사해를 섭렵할 수 있을까요.
삼천갑자 동방삭은 '탄천의 올무'에 걸려 세상을 떠났고

공자도 가고 소크라테스도 죽어 땅에는 영원함이 없는데,
인생들이 말하는 불후의 명작과 불멸의 명화와 영원한 사랑이란 무엇입니까.
불혹의 나이에 중풍으로 쓰러져 버린 친구의 오래된 휠체어를 생각합니다.
사고로 식물인간이 되어 그 아내의 눈물과 십 년의 정성을 알지 못하는 또 다른 친구를 생각합니다.

봄은 생기를 가지고 왔습니다.
온화한 생기로 초목 속에 잠들어 있던 생명의 씨를 깨웠습니다.
사람의 속에도 휴면하는 씨앗이 있습니다.
사람 속에서 씨앗은 진리의 깨달음으로 싹트기를 원합니다.
지혜의 신이 사람에게 들어오면 진리를 깨닫게 됩니다.
봄의 생기는 남쪽 나라에서 산을 넘고 물을 건너서 왔습니다.
천상의 지혜는 어머니의 사랑으로 와서 줄탁동시를 이룹니다.
어머니의 사랑에 화답하면 거룩한 생명을 얻을 수 있습니다.
나목은 인고의 그리움에 생기를 받아 연둣빛 봄으로 화답합니다.
인생은 사해를 편력하며 간곡한 마음으로 도를 구하여 자유에 이릅니다.

가을은 숙살지기로 만물의 보람을 저울질합니다.
나는 흠 없는 알곡으로 여물었는가요.

나는 눈부신 단풍으로 물들었는가요.
들녘의 황금물결을 따라 메뚜기도 익어 가을이 되었는데
주여, 나는 어느 과원의 곱디고운 능금으로 익어가고 있습니까.

당신 거기 있어줄래요

오늘은 아내의 생일입니다. 어제 오후에 생일 케이크를 생각하다가 그 후의 스토리 구성이 탐탁지 않아 그만두었지요. 이 나이에 자질구레한 소품을 선물하기도 무엇했지만 지갑이 얇은 탓에 큰 것은 꿈을 꾸지 못했지요. 뒤 한 번 돌아보니 아내와 한솥밥을 먹은 지도 어언 40년 세월입니다. 장고 끝에 악수 둔다는 바둑 격언처럼 챙긴 거라곤 고작 마른미역 한 움큼과 콩나물 한 봉지, 미역국에 넣을 쇠고기 한 근이었네요. 어스름에 눈 비비며 찬물에 불려놓았던 미역을 치대어 씻고 냄비에 참기름을 둘러 볶아봅니다. 연기인지 김인지 아리송할 즈음 쇠고기와 함께 더 볶아보다가 국물을 부어 한소끔 끓여내니 스스로 대견하네요. 콩나물도 무쳐보고 여름에 삶아 말려두었던 아주까리로 나물도 만들어보았습니다. 요리는 그것으로 끝이지만 오직 낯선 경험이었어요.

제 어미 생신이라고 맏이가 영화표 두 장을 예매해 놓았나 봅니다. 밤 아홉 시를 겨냥하여 아내와 집을 나섰습니다. 주위를 둘러 흰머리 동지를 찾지는 못했지만 우리 같은 중늙은이들한테도 팝콘과 음료는 소용이 되더군요. 두 시간은 생각보다 길거든요.

〈당신, 거기 있어줄래요〉

기욤 뮈소의 원제 소설을 각색한 작품인데 저자가 영화 제작을 쾌히 승낙했다는 뒷이야기도 있더군요. 느닷없이 캄보디아의 밀림이 전개되고 앙코르와트의 장관이 시선을 사로잡더니 이야기는 엉뚱한 방향으로 펼쳐집니다.

2015년의 수현(김윤석)은 캄보디아 의료 봉사 활동 중 한 소녀의 생명을 구해줍니다.

"소원이 있습니까?"

소녀의 할아버지는 신비한 알약 10개를 수현에게 선물합니다. 그의 소원은 사랑했던 여인 연아(채서진)를 만나보는 것이었지요. 호기심에 알약을 삼킨 수현은 순간 잠에 빠져들고 다시 눈을 떴을 때, 30년 전인 1985년의 젊은 자신(변요한)과 마주하게 됩니다. 시간 여행이지요. 삼십 년 후의 그는 체념 어린 표정으로 과거는 흘러갔기에 돌이킬 수 없다며 운명을 이야기하고 삼십 년 전의 젊은 그는 '미래는 내가 결정하는 것'이라고 언성을 높이고 있었습니다. 운명은 바꿀 수 있는 것일까요? 이 영화는 돌고래 사육사로 일하다가 불의의 사고로 죽어간 연인을 되살림으로써 그들 모두의 운명이 완전히 바뀌어 버린 이야기로 달려갑니다. 남자는 연인을 살리기 위해 마음에도 없는 절교를 선언하고 다시는 만나지 않습니다. 단 한 번이라도 만나면 연인은 죽게 됩니다. 까닭을 알 수 없는 여인은 슬픔에 겨워 홀로 살아갑니다. 그러나 운명이 바뀐다 한들 어찌 그 사랑마저 떠날 수 있겠어요.

얼마 전에는 텔레비전에서 폴 뉴먼과 로버트 레드포드 주연의 〈스팅(The Sting)〉을 만났지요. 내용이래야 신출귀몰한 사기꾼들의 이야기에 지나지 않지만 숨죽이고 있었던 고교 시절의 기억들이 밤하늘의 유성처럼 긴 꼬리를 남기며 스쳐 가는 거였어요. 찐빵값과 버스비를 아껴 주말이면 시내 영화관으로 달려가던 추억이 새롭네요. 그 시절에는 영화 〈벤허〉를 보지 않고는, 미우라 아야코(三浦綾子)의 《빙점》과 헤세의 《데미안》을 읽지 않고는 친구들과의 대화에 끼어들지 못했지요.

'기회'와 '후회'는 동의어 같기도 합니다. 농사에는 때가 있어서 씨뿌리기, 거름주기, 김매기, 물 주기, 추수 등 어느 것 하나라도 때를 맞추지 않으면 농사를 망치기 십상이지요. 그래도 기회는 다시 옵니다. 농사는 한 해만 짓고 마는 일이 아니잖아요? 삶의 궤적에 남겨진 상처는 쉽게 아물지 않는듯합니다. 혹은 아물지라도 그 상흔은 끝내 지워지지 않는가 봅니다. 그러나 시련도 고난도 피하고 싶었던 일들도 어쩌면 내 인생에 소중한 기회였을 거라는 후회가 가슴을 사무치게 합니다. 나는 세월이 흐른 후에도 그것들이 기회였다는 사실을 인정하기 싫었는지도 모르겠습니다. 나쁜 일도 기회였다는 것을. 지성으로 예배에 참석했던 소년 시절에 플래시를 도둑맞은 일도 내 신앙을 반석 위에 올려놓을 수 있는 기회였던 것을. 지나간 세월 속에서 내게 찾아왔던 기회들은 하늘이 내려준 은혜이고 사랑이었던 것을 나는 깨닫지 못했군요. 한때의 좌절과 슬픔도 기회였다는 것을 나는 알지 못했네요.

나는 통속의 거리에서 잠시 〈과거는 흘러갔다〉를 흥얼거리다가 살아왔던 날들의 아쉬움과 미련을 내보내기로 작정합니다. 희망이 숨쉬지 않는 낡은 그리움도 땅에 묻기로 합니다.

영화를 본다는 것

요 며칠 사이에 〈강철비〉와 〈꾼〉 그리고 〈신과 함께: 죄와 벌〉을 보았다. 우리 한국 영화는 철저하게 오락물로 자리 잡았구나 하는 느낌이다. 감독들은 이야기를 어떻게 펼쳐나가야 관객의 호기심을 자극할 수 있는지, 어떤 영상을 보여주어야 관객이 호응하는지를 꿰뚫고 있는듯했다. 시종을 일관하는 주제 의식이나 철학의 빈곤은 오락물의 한계이겠지만 장삿속으로는 알짜배기들일 것 같다.

북의 거물 리태한(김갑수)은 은퇴한 최정예요원 엄철우(정우성)를 불러 특수임무를 부여한다. 개성공단에 1호와 동행한 고위급들이 1호를 암살하고 반란을 일으킬 계획이니 개성공단에 가서 그들을 제거하라는 것이었다. 그러나 정작 개성공단에는 제거 대상들이 보이지 않았다.

쿠데타를 계획한 자는 바로 리태한(김갑수)이었다. 쿠데타 세력은 국군으로 위장 침투, 주한미군의 자주포를 탈취하여 개성공단을 포격한다. 수많은 노동자들이 죽어가는 현장에 느닷없이 쿠데타 세력이 나타나 무차별 총격을 가한다. 그곳에서 북한 1호는 중상을 입고 엄철우(정우성)에 의해 남한으로 탈출하는 중국인들의 차량 행렬에 섞여 우여곡절 끝에 서울의 산부인과로 옮겨진다. 수술이 어렵게 되자 산부인과 원장은 친구의 병원으로 1호를 이송하는데 그 병원의 여의사는 청와대 안보수석의 부인이었다. 부인의 병원을 찾아온 안보수석과 북측의 1호 경호책임자는 그렇게 병원에서 조우한다. 북에서는 특공대를 보내 병원을 기습하여 1호를 제거하려 하나 결국 실패한다.

한편, 북측은 남과 미에 선전포고를 하고 임기 말의 남측 대통령은 계엄을 선포하여 선제공격을 계획한다. 그러나 대통령 당선자는 전쟁이 일어나서는 안 된다며 평화의 길을 모색한다. 북의 쿠데타 주모자 리태한은 핵전쟁을 일으키기 위해 남에서 사경을 헤매고 있는 1호만이 알고 있는 핵미사일 발사의 비밀번호를 알아내려고 혈안이 된다. 1호의 핵 발사 시계는 엄철우가 간직하고 있었다.

불신과 오해를 넘어선 1호의 경호를 맡은 정예요원 엄철우와 청와대 안보수석 곽철우(곽도원)가 합력하여 북측 쿠데타 세력의 기도를 막아내기로 한다. 북의 쿠데타 세력은 청와대를 기습 공격하여 수비벽을 뚫고 수라장으로 만들지만, 우리 특공대에 전멸당하고 만다. 한편에선 주변 강대국들의 정치적 개입이 계속된다. 드디어 핵미사일 발사 비밀 암호를 해독해 낸 북의 쿠데타 세력은 땅굴을 통한 남침 준비를 갖추고 핵무기 발사 카운트다운에 들어간다. 그때, 북측의 1호를 경호하던 엄철우가 입북하여 리태한의 지휘소를 찾아간다. 그의 자동차에는 위치추적 장치가 부착되어 있었다. 지하 벙커 위치를 확인한 남측의 선제 타격으로 사태는 일단락된다. 평화를 찾은 남북, 안보수석 곽철우(곽도원)는 북의 엄철우 가족을 찾아 부인과 두 아이를 위로한다. 〈강철비〉의 강점은 관객들이 한반도에서의 핵전쟁 가능성을 실감하는 데에 있다는 느낌이었다.

〈꾼〉의 서막은 나의 의표를 찌르며 열린다. 한 젊은 여성이 자신의 가짜 목걸이를 보석상에 진열된 진짜 목걸이와 바꿔치기하고 돌아서려는 순간 들이닥친 두 형사가 여성에게 수갑을 채우며 진짜 목걸이를 회수하여 보석상 주인에게 돌려준다. 보석상 주인은 감지덕지하며 문밖까지 따라 나와 감사를 표한다. 그러나 형사 중 하나가 어느새 보석 목걸이를 슬쩍해 왔고 알고 보니 여성과 그들은 한패였다. 주된 이야기는 아무래도 희대의 사기꾼 조희팔 사건이 바탕인 듯하였다. 아내도 조희팔을 떠올렸다고 했다. 밀당의 고수들이 펼치는 아기자기한 승부수가 눈길을 끄는 오락영화이다.

〈신과 함께: 죄와 벌〉은 판타지이다.
화재 현장에서 어린아이를 구하고 순직한 평범한 소방사 김자홍. 그는 염라국의 예정대로 '무사히' 사망한 것이다. 그의 앞에 저승차사 해원맥과 덕춘이 나타난다. 일곱 저승 법에 의하면, 모든 인간은 사후 49일 동안 7번의 재판을 거쳐야만 한다. 살인, 나태, 거짓, 불의, 배신, 폭력, 천륜 등 7개의 지옥에서 7번의 재판을 무사히 통과한 망자만이 환생하여 새로운 삶을 시작할 수 있다. 김자홍은 저승

차사들로부터 정의로운 망자로 인정되어 귀인의 표를 받는다. 저승으로 가는 입구에서 그를 기다리는 또 한 명의 차사 강림은 차사들의 리더이며 김자홍이 통과해야 할 7지옥의 재판에서 그를 변호해 줄 변호사이다.

염라대왕으로부터 천 년 동안 49명의 망자를 환생시키면 자신들도 인간으로 환생시켜 주겠다는 약속을 받은 3차사였다. 차사들은 자신들이 변호하고 구천을 헤매는 원혼들의 공격으로부터 호위해야 하는 48번째 망자이자 19년 만에 나타난 의로운 귀인 자홍의 환생을 확신하지만 예상치 못한 고난과 직면한다. 각 지옥의 재판정에서는 김자홍의 죄가 적나라하게 드러난다. 그러나 죄의 원인이 그 죄를 상쇄할 만큼의 의롭고 선한 행위였음이 입증되었기에 가는 곳마다 가까스로 무죄판결을 받는다. 아무도 가보지 못한 사후 세계의 그곳이 웅장하고 엄숙한 판타지로 펼쳐지는 가운데 심판대에 선 망자가 마치 나 자신이라도 되는 듯 숙연해지고 때로는 전율케 하며 눈시울을 뜨겁게 한다. 비록 가상일지라도 누군가가 우리에게 지옥을 보여줌은 삶의 자세를 바로 세워나가기 위한 경계로 삼으라는 절대명령일 것이다.

어제는 〈쥬만지: 새로운 세계〉를 보았다. 최근에 영화 복이 터진 건 잊을만하면 입장권을 예매하여 보내주는 아들 덕분이다.

나는 청소년 시절에 영화를 무척 좋아하였다. 버스비를 아끼고 찐빵을 포기해 가며 영화관으로 달려가곤 했었다. 당시 여수에는 중앙

극장을 필두로 시민, 태평, 여수극장이 있었는데 중앙극장은 여수의 개봉관이라서 다른 극장보다 관람료가 비쌌다. 인기가 없는 극장에서는 두 편씩 상영하여 관객을 끌었는데 걸핏하면 화면에 비가 내리고 필름이 자주 끊겨 짜증을 유발하기도 했다. 어른이 되고 나서는 영화관과 점점 멀어졌었다.

요즘의 영화를 본다는 것은 최첨단 종합예술의 바다에 빠져보는 일이다. 음식은 오직 입으로만 먹을 뿐이지만 영화는 보고 듣고 오감으로 느껴 가슴으로 먹는다. 어찌 입으로 먹는 음식과 비교하겠는가. 세대 간의 간극을 좁혀주니 영화를 함께 감상하노라면 노인과 청년, 부자와 조손 사이의 격의도 점차 해소되지 않을까?

나 같은 죄인을

찬송가 〈나 같은 죄인 살리신(Amazing grace)〉의 노랫말을 쓴 존 뉴턴(John Newton)은 영국 런던의 독실한 기독교 집안에서 태어났습니다. 일찍 어머니를 여의고 소년 시절부터 아버지를 따라 흑인 노예 수송선을 탔습니다. 아프리카 땅에서 사냥되어 굴비처럼 노예선에 실린 흑인 노예들은 짐승 이하의 처참한 환경 속에서 아메리카 대륙으로 팔려나갔습니다. 도착하기도 전에 많은 노예가 죽어 바다에 던져졌지만, 그도 흑인 노예들을 짐승이나 물건으로 여겼습니다. 스물두 살 청년 시절에 노예수송선의 선장이 되었는데 어느 날 폭풍우에 배가 침몰할 위기에 처하게 되자 그는 처음으로 하느님께 마음에서 우러난 기도를 올렸습니다. 기도 덕분이었는지 배는 기적적으로 폭풍우에서 벗어났고 구사일생으로 목숨을 건진 그는 노예들에 대한 처우를 크게 개선했으나 6년 동안 노예무역을 계속했습니다.

28세 때 그는 노예무역을 그만두고 공부하여 성공회 사제가 되었으며 흑인 노예무역에 관여한 자신의 죄를 사해주신 신의 은총에 감사하는 마음을 담아 47세에 이 가사를 썼습니다. 오늘날 세계 각처의 수많은 기독교인이 이 찬송을 부르고 그의 일화를 들으며 감동합니다. 그러나 82세를 일기로 생을 마칠 때까지 나는 그가 수없이 팔아 넘긴 흑인 노예 가운데 어느 누구에게도 용서를 빌었다는 이야기는 듣지 못했습니다. 그는 그의 신 앞에서 회개했을 뿐입니다.

어둠의 자식이었던 사람이 개과천선하여 성직자로 거듭났다는 이들한테서도 지난날 자신에게 해를 받은 사람들을 찾아가 사죄했다는 소식은 들려오지 않았습니다. 나는 사람이 사람에게 죄를 짓고서 왜 신에게 달려가 용서를 구하는지 알지 못합니다. 신이 그의 죄를 사해 주었는지는 더욱 알지 못합니다. 언제부터 신은 인간의 속죄를 위한 편리한 도구로 전락하게 된 것일까요.

동료의 모함으로 좋은 직장에서 쫓겨나 날품팔이 신세가 되어 어렵게 살아가고 있는 젊은이가 있었습니다. 그를 모함했던 자가 늦게 나마 양심의 가책을 느껴 그의 부모를 찾아가 무릎 꿇고 용서를 빌었습니다. 그의 부모는 이렇게 말했습니다.
"우리 아들에게 용서를 구하시오."

예수그리스도는, 예물을 가지고 와서 제단에 드리다가 거기서 네 형제에게 원망을 들을만한 일이 있다는 것이 생각나거든 그 예물을 제단 앞에 두고 먼저 가서 형제와 화목하고 그 후에 와서 예물을 드리라고 했습니다. 하나님께 예물을 드리는 일 못지않게 형제와 화해

하는 것이 소중하다는 가르침입니다. 나아가 내게 죄지은 자를 내가 용서해 준 것같이 나의 죄를 용서해 달라는 기도를 드리라고 합니다. 이를 뒤집어 보면, 내가 누구에게 죄를 지었을 때는 하나님께 용서를 구하기 전에 먼저 그 사람한테 사죄하여 용서를 받아야 한다는 말입니다.

스포츠 중계를 시청했습니다. 승리한 팀의 한 선수가 무릎을 꿇고 두 손을 부여잡고 기도를 드리고 있었습니다. 카메라가 그 선수를 클로즈업합니다. 관중들은 우레와 같은 박수갈채를 보내고 있었습니다. 경기 종목을 가리지 않고 종종 그런 장면과 마주치게 됩니다. 나는 이내 씁쓸해집니다. 그들이 감사기도를 드리는 신은 전투를 방불케 하는 인간들의 운동경기를 관람하고는 있었을까요? 사람들이 즐기는 경기의 승패가 어느 선수가 믿는 신과 무슨 관계가 있는 것일까요? 패배한 선수가 섬기는 신은 매우 불쾌해하며 떠나버렸는지도 모르겠습니다. 경기에 패했을지라도 페어플레이로 무사히 경기를 마치게 된 것을 감사하는 기도가 소중하지 않을까요?

경자유전을 생각한다

 농지법상 1천 제곱미터(약 300평) 이상의 농지를 경영하거나 한 해 농산물 판매액이 120만 원 이상인 자, 1년 중 90일 이상 농업에 종사하는 사람은 물론이고 농지에 330제곱미터(약 100평) 이상의 비닐하우스를 설치하여 농사를 짓거나 소 2마리만 길러도 농업인이다. 따라서 농지 300여 평을 가지고 취미 삼아 농사를 지어도, 심지어 전답 한 평 없어도 농업인이 될 수 있다. 농업인은 법적 용어이고 주로 쓰이는 말은 농부, 농민이다.

 우리 헌법은 경자유전(耕者有田)의 원칙을 천명하고 소작(小作)을 금지하면서도 농지의 임대와 위탁경영을 허용하고 있다. 지주와 경작자가 수확물을 나눠 갖는 소작과 임대, 위탁경영이 결과적으로 어떻게 다른지 아리송하기만 하다. 여담이지만, 요즘엔 지주와 소작농의 처지가 역전된 현상이 허다하다. 소작은 고사하고 그냥 지어 먹으라 해도 손사래를 치는 일이 비일비재한 현실이다. 부재지주의 전답을 부쳐먹을 만한 사람이 없다는 말이다.

최근에 정부는 농지투기를 뿌리 뽑는다며 농지법을 개정하였다. 농지취득 자격증명 심사 요건을 강화하고 투기 우려 지역 농지취득 자격 심사를 규정하고 농업진흥지역 안에서는 주말농장이나 체험 영농 목적의 농지취득을 제한하는 등의 조치를 취한 것이다. 그러나 개정 농지법은 농지의 투기 방지에만 초점을 맞췄을 뿐 투자 대상으로서의 농지의 가치를 외면하고 있다.

우리 농업경영인의 평균연령은 68세이며 2022년 12월 1일 기준 통계자료에 의하면 농가 인구 216만 6천 명 가운데 65세 이상의 고령자는 무려 49.8%에 달한다. 우리나라 전체 고령 인구 18%에 비하면 농촌은 그야말로 경로당 수준이다. 특히 70세 이상의 고령자가 75만 6천 명으로 34.9%라는 심각성을 주목하지 않을 수 없다. 우리나라 사람의 기대수명은 84.1세인데 농업경영인 대다수가 남성이고 우리나라 남성의 기대수명은 81.2세이니 10여 년 후엔 현재의 농업경영인 전체가 사라진다는 걸 쉽게 추측할 수 있다. 대를 이어 농사를 짓는 사람이 거의 없다는 점을 감안하면 농촌 소멸이 눈앞에 다가온 것이다. 전체 102만 3천 농가 중 1인 가구는 22만 2천 가구나 된다.

농가당 경작면적은 1.37ha(4,110평)에 불과한데 1ha 미만 농가가 75만 1천 가구로 전체 농가의 73.5%라는 영세성을 면치 못하고 있다. 더구나 농지가 전혀 없는 농가도 7천 가구나 된다. 호주의 농가당 경지면적 373ha, 캐나다 303ha, 미국 82ha에 비하면 실로 조족지혈이다. 농업소득이 1천만 원 미만인 농가는 66만 가구로 전체 농가의 65.1%이고 연간 120만 원 미만 농가도 무려 18만 5천 가구로 전체 농가의 18.1%에 달하는 참담한 실정이다. 그런데도 텔레비전의 농촌 프로그램을 보면 천편일률적으로 장밋빛 성공사례 일색이다. 농촌 실정을 잘 모르는 사람이 보면 시골에 들어가 농사지어도 썩 괜찮을 거라고 오해할 법하다.

800평의 벼농사를 짓는 어느 농부의 수지분석을 살펴보니 눈물이 날 지경이다.

논갈이와 로터리 작업 등에 부린 트랙터 작업 비용, 모내기 이앙기 작업비, 묘 구입비, 비료와 농약 구입비, 수확 작업과 건조에 이르기까지 156만 원이 들어갔는데 수확량은 700킬로그램 남짓하여 판매액은 159만 원으로 순수익이 3만 원이었다고 한다. 물론 자가 노동력은 계산하지 않은 것이다.

농촌 지역은 급격한 몰락의 길을 걷고 있다. 소멸의 나락으로 떨어져 가고 있는 것이다. 앞으로 10년 후를 상상하면 끔찍하다. 10년 후 농촌의 65세 이상 고령자는 52%에 달할 것으로 전망하고 있다. '늙어버린 농촌'에서 새삼스럽게 경자유전을 운위하는가. 아마도 십여 년 후엔 귀신만 사는 농촌 마을이 수두룩할 것이다. 당국자들은 눈이 있다면 당장 농촌 들녘에 나가 과연 누가 농사를 짓고 있는지 둘러보라.

벼농사는 거의 모두 위탁영농이다. 100%라고 해도 과언이 아니다. 육묘시설, 이앙기, 트랙터, 콤바인 등을 갖춘 전문 농사꾼이 주변 마을의 벼농사를 도맡아 볍씨 파종에서부터 수확 조제에 이르기까지 전 과정을 책임지고 있다. 내 지인은 주변 마을의 논 약 7만 평(23ha)을 위탁받아 경작하고 있다. 현실이 이 지경인데 경자유전이 무엇이며 자작농이 무슨 말인가. 농정 당국자들은 무엇을 보고 있는가. 임대란 무엇인가? 농지를 빌려주고 그 대가로 얼마간의 돈이나 현물을 받는 것이다. 위탁이란 무엇인가? 전문 농사꾼한테 농사를 모두 맡기고 그 삯을 주는 대신 수확물을 인수하는 것이다. 임대와 위탁의 차이는 무엇인가? 현실적으로 이 두 가지를 구별할 실익이 없다. 이러나저러나 비슷한 결말인 셈이다.

농촌 현실을 제대로 알지 못한 채 임대가 어떠니 위탁이 어떠니 하고 있으니 복장이 터질 지경이다. 원칙을 새로 정해야 한다. 첫째, 농지에는 농사만 짓도록 한다는 대원칙에서 출발해야 한다. 둘째, 농사는 누구나 지을 수 있도록 해야 한다. 도시인이건 농촌 주민이건 자격을 따질 필요가 없다. 셋째, 자신이 농사를 지을 수 없으면 자유롭게 임대나 위탁을 할 수 있도록 해야 한다. 다만, 임대료 횡포를 막기 위해 임대 요율은 법으로 정한 요율 이하로 하도록 한다. 현행 국유농지 대부료를 감안하면 될 것이다. 위탁의 경우에도 매년 정부에서 기준액을 고시하여 그에 따르도록 한다.

밭농사는 또 어떤가? 밭갈이는 역시 기계장이한테 맡긴다. 기계로 수확할 수 있는 작업도 맡긴다. 그러나 밭농사의 기계화율은 10%도 안 된다. 밭농사는 벼농사에 비하여 4~6배의 노동력이 들지만, 농촌에는 일할 사람이 없기에 일꾼을 사 와야 한다. 인부 구하기도 어렵고 품삯도 감당키 어려운데 누가 벼농사를 접고 논에다 콩이나 옥수수를 심고 싶겠는가. 늙은 농부들은 고작 텃밭 농사나 손수 짓고 있는 형편이다. 전업농은 주로 외국인 노동자에 의존하지만, 일손 구하기도 어려운 데다 해마다 노임은 마구 오르고 농산물 가격은 제자리걸음을 하거나 뒷걸음질을 친다. 비룟값, 농약값, 모종값, 연료비, 전기료, 각종 자재비는 경기가 날 정도로 치솟았다. 올해 양파작황이 신통치 않아 값이 오를 조짐을 보이자 당국은 물가를 잡겠다며 잽싸게 수입을 해댄다. '똥값'이 되면 무슨 대책입네 하면서 시늉만 낼 뿐 수수방관에 가까운 태도를 보인다. 오늘 이 땅의 농민은 살길이 없다.

아파트나 상가는 자유롭게 임대차할 수 있는데 농지는 왜 임대차하려면 까다로운 절차를 거쳐 신고하고 심사를 받아야 하는지 이해할 수 없다. 집이 없는 사람은 직업을 불문하고 자유롭게 집을 살 수 있다. 그런데 농지가 없는 사람은 왜 자유롭게 농지를 취득할 수 없는지 가방끈 짧은 나로선 납득하기 어렵다.

우리나라는 쌀만 겨우 자급자족할 뿐 밀, 콩, 옥수수 등 여타 곡식은 거의 모두 수입하고 있다. 소, 돼지, 닭도 국내에서 사육한다는 의

미가 있을 뿐 사료를 전량 수입하고 있으니 외국산이나 다름없다 하겠다. 우리 국민 1인당 쌀 소비량은 연간 56.7kg에 불과하다. 1인당 하루 144g의 쌀을 소비하는 셈이니 하루에 밥 한 공기 반도 채 먹지 않는다는 이야기다. 쌀이 남아도는 까닭은 생산이 넘쳐서가 아니라 그동안 소비가 크게 줄어들었기 때문이다.

쌀과자를 사주면 조금이라도 쌀소비에 도움이 되겠구나 하고 쌀과자를 애용했었다. 언젠가 포장지를 찬찬히 살펴봤더니 중국산 쌀로 중국에서 만들어 들여온 과자라고 표기되어 있었다.

이제 '경자유전'은 허전한 이상론에 가깝다. 더구나 소작을 금지한다는 헌법 규정은 고리타분하기까지 하다. '소작'이라는 용어 자체가 전근대적이다. 법으로 임대나 위탁영농을 허용하고 있는 마당에 원칙론을 내세워서 무엇에 쓰랴.

중앙정부와 각급 지방자치단체가 소유한 토지는 국토 면적의 1/3이다. 물론 미국이나 일본의 국공유 토지 비율이 우리와 비슷한 수준이고 호주의 경우엔 대부분이 국유지이긴 하나 아무튼 최대 지주는 국가와 지방자치단체이다. 국유지 가운데 농지는 66,000ha로 전국 경지면적 1,528,237ha의 4.3%이다. 그러나 국가나 지방자치단체가 보유한 농지는 농지법의 규제 밖에 있다. 1만 제곱미터 미만의 상속 농지나 이농자의 농지도 경자유전 밖이다. 또한, 임대와 위탁영농을 허용하고 있어 전반적으로 '경자유전'은 유명무실하고 어쩐지 사회적 약자에게만 엄격한 농지법이 아닌가 싶다.

농촌은 삼한의 소도 같은 금역이 아니다. 향촌 사람 누구나 도시에 나가 직업을 구하고 집을 마련하여 그 도시에서 살아가는 자유를 누리는 것처럼 도시인도 누구나 향촌에 농토를 구입하여 그 땅에 아담한 별장도 짓고 땀 흘려 수확의 기쁨을 맛보며 휴양도 할 수 있어야 한다. 누구든지 농지를 취득할 수 있도록 하되 엄격한 조건을 제시하면 된다.

직접 경영하든 임대 또는 위탁을 하든 농지를 묵히지 않고 경작해야 한다. 임대료는 국유재산 임대료를 초과할 수 없도록 한다. 임대와 위탁 과정에 국가가 개입해서는 안 된다. 경작에 따른 직불금, 유기농 지원금 등 각종 지원은 실경작자가 받도록 한다.